D1717571

BASTEI
LÜBBE

HEDWIG COURTHS-MAHLER

O MENSCHENHERZ, WAS IST DEIN GLÜCK

BASTEI LÜBBE

BASTEI - LÜBBE - TASCHENBUCH
Band 10564

1. Auflage 1985
2. Auflage 1996

© by Gustav Lübbe Verlag GmbH, Bergisch Gladbach
Printed in Germany
Einbandgestaltung: Roland Winkler
Titelbild: Studio Gerd Weissing
Druck und Bindung: Ebner Ulm
ISBN 3-404-10564-8

I

»Wenn Herr Salfner nach mir fragen sollte, lassen Sie ihn auf mein Zimmer führen, ich erwarte ihn dort.«

»Sehr wohl, mein Herr.«

»Das Zimmer, das ich für Herrn Salfner bestellt habe, ist doch bereit?«

»Gewiß.«

»Gut! Dann brauche ich noch zwei Zimmer für meine Tochter und ihre Begleiterin. Es sind hoffentlich noch Zimmer frei? Die Damen kommen morgen an.«

»Das trifft sich gut. Heute sind zwar alle Zimmer noch besetzt, aber morgen reisen die Herrschaften ab, welche die beiden Zimmer bewohnen, die an das Ihre stoßen.«

»So belegen Sie diese beiden Zimmer für mich.«

»Für längere Zeit, Herr Rottmann?«

»Nein, nur für zwei Tage. Auch Herr Salfner wird dann mit uns zusammen abreisen.«

»Trifft der Herr mit dem Dampfer ein?«

»Ja, er kommt über Lindau.«

»Dann muß er in wenigen Minuten hier sein.«

»Ganz recht. Also ich erwarte ihn auf meinem Zimmer.«

Damit verließ der hochgewachsene Herr den Raum, in dem die im Insel-Hotel ankommenden und abreisenden Gäste abgefertigt wurden. Der Portier, mit dem er eben gesprochen hatte, sah ihm eine Weile nach.

»Sieht aus wie ein verkappter Fürst, das Befehlen scheint er wenigstens gewöhnt zu sein. Reich ist er auch. Dieser Herr Rottmann aus Hamburg nimmt es mit den valutastarken Ausländern auf: die besten Zimmer, erstklassige Reiseausrüstung, nicht zu neu, wie bei den Neureichen, aber tipptopp — na und überhaupt, das hat man so im Gefühl.

Er hat eine weite Reise hinter sich, das sieht man aus den Hotelmarken an den Koffern. Sicherlich hat er schon die ganze Welt bereist. Also Klasse, der Herr wird gut bedient werden.«

So war der Gedankengang des Portiers, während er dem eleganten, stattlichen Herrn, Anfang Fünfzig, nachsah.

Dieser hatte inzwischen das Vestibül durchkreuzt und ging durch den hohen Kreuzgang in das Innere des Hotels.

Das Insel-Hotel war ehemals ein gewaltiges Kloster, in dem das Konzil zu Konstanz abgehalten wurde. Jetzt hatte man die früher als Klosterzellen dienenden Räume zu Gastzimmern für Reisende eingerichtet. Der Kreuzgang war mit kunstvollen Fresken an den Wänden geschmückt, die fortlaufend die Geschichte des Klosters erzählten. Er umgab den kleinen, inneren Klosterhof, der durch hübsche Anpflanzungen zum Garten geworden war. Efeu und wilder Wein rankten an den Säulen empor und bedeckten die Wände, kaum die Fenster der ehemaligen Klosterzellen freilassend. Der Kreuzgang diente jetzt als Wandelhalle für die Hotelgäste, und das mächtige Refektorium, in dem einst das Konzil abgehalten wurde, war jetzt der Speisesaal für Reisende. In diesem Speisesaal wurden neuerdings alte Wandgemälde wieder freigelegt, die durch eine Stoffbespannung vor dem zerstörenden Licht geschützt blieben.

Fritz Rottmann hatte den Kreuzgang verlassen und schritt über eine breite Steintreppe hinauf in den ersten Stock. Breite, hohe Gänge umgaben hier die Zimmerfluchten. Der ehemals graue Steinfußboden war feuerrot mit Ölfarbe gestrichen und in der Mitte mit Teppichläufern belegt. Die Gänge, die von einer unserer Zeit fremden Raumverschwendung zeugten, waren mit Holzschnitten und Kupferstichen geschmückt, die in schlichte schwarze Holzrahmen gefaßt waren. Auch sie stellten die Geschichte des Klosters dar.

Fritz Rottmann sah lächelnd auf den roten Fußboden.

»Warum hat man gerade diese rote Farbe gewählt, die

wohl originell, doch etwas seltsam anmutet in diesen feierlichen Gängen?« fragte er sich.

Jedenfalls war der Fußboden in einer sehr fragwürdigen Verfassung gewesen, ehe man ihm dieses heitere rote Mäntelchen anzog.

Fritz Rottmann betrat nun sein Zimmer mit Blick zum Bodensee. Er trat an das Fenster und sah hinab in den großen Klostergarten, der das mächtige Gebäude umgab und mit dichtbewachsenen Laubengängen bis an die niedrige Kaimauer heranreichte, die ihn vor den Wellen des Bodensees schützte.

Auf dem See herrschte ein reger Verkehr von Dampfern, Segel- und Ruderbooten. Versonnen ließ Fritz Rottmann seinen Blick darüber hinschweifen. Und er dachte an den Verkehr im heimatlichen Hafen, den er von seinen Bürofenstern aus übersehen konnte. Dies Bild hier vor ihm war wie ein heiteres Spiel, das Bild von seinen Bürofenstern aus bedeutete den tiefsten Ernst. Mit ganzer Seele hing Fritz Rottmann an dem alten, ehrwürdigen Handelshaus, das die Firma Rottmann trug und das in seinen mächtigen Speichern aufnahm, was die Schiffe herbeischleppten.

Eine Weltfirma also mit erdumspannendem Ruf.

Düster zog er plötzlich die Stirn zusammen. Er dachte daran, daß die Firma Rottmann keinen männlichen Erben hatte, zum erstenmal seit ihrem jahrhundertelangen Bestehen.

Schwer ließ er sich in einen Sessel fallen und zog seine Brieftasche hervor. Aus ihr entnahm er zwei Briefe. Der erste, den er entfaltete, zeigte die klare Schrift einer Dame. Er las ihn nochmals durch.

»Mein lieber Vater! Es freut mich sehr, daß Du mir erlaubst, nun endlich heimzukehren — für immer. Ich habe große Sehnsucht nach Dir, nach Deutschland, nach meinem Vaterhaus, nach allem, was ich so lange entbehren mußte.

Ehe ich Dich nach so langer Zeit wiedersehe, muß ich Dir

einmal, ein einziges Mal nur und auch nur brieflich, sagen, daß ich es als Härte empfunden habe, daß Du mich so lange aus der Heimat verbanntest. Auge in Auge mit Dir würde mir der Mut fehlen, das auszusprechen, aber gesagt werden muß es einmal.

Ich habe verstehen können, daß Du mich gleich nach meiner Mutter Tod in eine Pension brachtest, denn damals war ich kaum fünfzehn Jahre alt und bedurfte noch weiblicher Aufsicht und Fürsorge. Du selbst hattest als vielbeschäftigter Chef der Firma Rottmann keine Zeit, Dich um ein dummes kleines Mädel zu kümmern. Ich konnte auch verstehen, daß Du mich dann, als ich das Pensionat verließ, nach Basel zu Tante Gertrud schicktest. Sie ist ja meiner Mutter einzige Schwester und meine einzige Verwandte. Ich glaubte aber damals, es handle sich nur um einen kurzen Besuch bei ihr. Du holtest mich selbst in Lindau in der Pension ab und brachtest mich nach Basel. Ich sah Dich auf kurze drei Tage, nach einer Trennung von zwei Jahren, und danach ließest Du mich wieder allein, wieder auf Jahre.

Du sagtest mir damals, daß es die Unruhen in der jungen deutschen Republik ratsam erscheinen ließen, mich in der Schweiz in sicheren Gewahrsam zu bringen, und daß sich Tante Gertrud sicher freuen würde, mich einige Zeit bei sich aufnehmen zu können. Sie hat sich auch gefreut, aber ich glaube, ich habe ihr doch einige Störungen bereitet. Sie war gewöhnt, in ihrem Altjungfernheim allein zu sein, und stand mir ziemlich ratlos gegenüber. Auch hat sie wohl kaum geahnt, daß ich jahrelang bei ihr bleiben sollte. Nie, niemals in all der Zeit bin ich die Sehnsucht nach der Heimat losgeworden. Von Jahr zu Jahr wartete ich darauf, heimgerufen zu werden, und wagte es doch nicht, Dich darum zu bitten. Ich wartete vergebens. Die Verhältnisse in Deutschland waren doch, trotz allem Schweren, ruhiger geworden, nichts hätte mich gehindert, heimzukehren. Ich war auch so weit erwachsen, daß ich Dir keine Last mehr gewesen wäre. Warum riefst Du mich nicht eher heim, lieber Vater? Du ließest mich in der Fremde. Das war hart und grausam. Ich vegetierte nur in dem ängstlich abgeschlossenen Altjungfernheim der Tante.

Ich bin stumpf und weltfremd geworden. Du hast durch diese lange Trennung, deren Notwendigkeit ich nicht einsehen konnte, eine Entfremdung zwischen Dir und mir, zwischen meiner Heimat und mir herbeigeführt, die mich namenlos bedrückt hat. Seit Du mich nach Basel brachtest, habe ich Dich nicht wiedergesehen. Kurze drei Tage, das war in fünf Jahren alles, was ich von Dir hatte, seit meiner Mutter Tod. War das wirklich nötig, Vater? Ich habe mir sagen müssen, daß Du mich nur sehr wenig liebhaben kannst. Als ich davon einmal zu Tante Gertrud sprach, meinte sie, Du hättest nie verwinden können, daß Dein einziges Kind nur ein Mädchen sei, weil Du Dir brennend einen Sohn als Erben gewünscht hättest, einen Nachfolger für die Firma Rottmann.

Ich fühle, daß Tante recht hat. Aber war es gerecht von Dir, mich entgelten zu lassen, daß ich als Mädchen zur Welt kam? Hättest Du mich nicht trotzdem lieben müssen als Dein Fleisch und Blut? Wäre es nicht richtiger gewesen, Du hättest mich von früh auf an Deine Seite gestellt, hättest mir eine Erziehung gegeben, die mich befähigt hätte, Dir einen männlichen Erben zu ersetzen? Wie gern hätte ich gearbeitet und gelernt wie ein Junge, und ich weiß, ich hätte Dich zufriedengestellt. Statt dessen hast Du mich zu einem nutzlosen Schattendasein verdammt. Ich existiere nur, ich lebe nicht, wie ich es mir immer brennend gewünscht habe, als ein nützliches Glied der menschlichen Gesellschaft. Ich hätte Dir vielleicht mehr sein können als ein Sohn, denn ich hätte es ernst genommen mit meinen Pflichten als Dein Nachfolger. Jedenfalls hätte ich versucht, Dich darüber zu trösten, daß Du keinen Sohn hattest.«

Fritz Rottmann hielt im Lesen inne, sann einen Augenblick, dann las er weiter:

»Ich bin inzwischen einundzwanzig Jahre alt geworden und stehe doch dem Leben ganz fremd gegenüber. Du schreibst in Deinem letzten Brief an mich, daß ich nun alt genug geworden sei, um Deinem Hause vorzustehen und die Firma Rottmann zu repräsentieren in der Gesellschaft meiner Vaterstadt. Nichts steht in Deinem Brief von Sehnsucht nach Deinem Kind, nichts von väterlicher Zärtlichkeit. Nur weil ich alt genug bin, Repräsentationspflichten zu übernehmen, rufst Du mich heim.

Weißt Du denn, ob ich diesen Pflichten gewachsen sein werde, ich, die seit Jahren in einem nur zu eng umgrenzten Kreis lebt und fast nur mit alten Damen von Tante Gertruds Art zusammenkommt? In Tante Gertruds Umgebung überwiegt die Stille der Beschaulichkeit. Meine geistige Anregung muß ich mir aus Büchern suchen. Das stark pulsierende Leben dieser Zeit flog wie ein Schemen an mir vorüber, alles spielte sich ab wie ein wohlaufgezogenes altes Uhrwerk. Ich durfte nichts eigenmächtig tun und denken, sogar meine Kleidung, meine Frisur bestimmte Tante Gertrud, immer in Sorge, ich könnte sonst auffallen in ihrem kleinen Kreis. Ein Tag verging wie der andere. Nichts von den brausenden Stürmen, die jetzt die Welt durchtoben, drang in die Stille unseres Heims. Zeitungen waren verpönt in Tante Gertruds Haus, sie störten ihren Frieden.

Ich habe diesen sorgsam konservierten Frieden hassen gelernt und mir zuweilen heimlich deutsche Zeitungen verschafft, um wenigstens von fern ein wenig teilzunehmen an der schweren und doch so belebenden Zeit. Es klang mir freilich alles wie ein weltfernes Märchen, aber mit großem Interesse lauschte ich hinaus und sehnte mich danach, mich von den Stürmen umbrausen zu lassen. Tante Gertrud hat es in ihrer Art gut mit mir gemeint. Sie wollte mich vor allen Kämpfen bewahren. Wie ich bei Regenwetter nie ausgehen

10

durfte ohne Gummischuhe und Gummimantel, was mir stets lästig war, so durfte ich auch nicht mit aufregenden Dingen in Berührung kommen. ›Man muß sich hermetisch abschließen vor dieser greulichen Zeit, damit man seinen Frieden behält‹, sagte Tante Gertrud immer wieder, und so habe ich in diesem wohltemperierten, konservierten Frieden vegetieren müssen.

Nun soll ich plötzlich hinaus, soll an die Spitze eines großen Hauswesens gestellt werden, soll in der Gesellschaft die Rolle einer Repräsentantin spielen und mitten drin stehen in der neuen Zeit. Ich schwanke zwischen heißer Freude und zagender Angst. Werde ich diese Rolle zu Deiner Zufriedenheit spielen können? Werde ich nicht Deinen Unwillen erregen, wenn ich es nicht kann? Mir ist bange vor der Heimat, vor dem Wiedersehen mit Dir, das ich doch so lange herbeigesehnt habe, und ich muß mir diese Bangigkeit vom Herzen schreiben: denn Dir das alles sagen Auge in Auge, das kann ich nicht. Dazu bin ich zu linkisch und unbeholfen, zu scheu und ängstlich. Schreiben kann ich das alles so, wie ich es empfinde.

Und deshalb will ich Dich brieflich bitten, habe Nachsicht mit mir, wenn ich im Anfang unsicher und unbeholfen bin. Ich will mir Mühe geben, mich so rasch wie möglich in meine neuen Pflichten einzuleben, aber lernen muß ich erst. Du wirst Geduld haben müssen. Dies alles schreibe ich Dir, um Dich vorzubereiten.

Wir wollen nicht von diesem Brief sprechen, wenn wir zusammen sind. Nimm meine Worte auf als das, was sie sind: der Ausdruck meines innersten Empfindens.

Trotz allem freue ich mich, heimzukommen. Es soll so sein, wie Du es haben willst. Ich werde am 8. Juni mit Dir im Insel-Hotel in Konstanz zusammentreffen, wenn Du von Deiner geschäftlichen Auslandsreise zurückkommst. Tante Gertrud rüstet schon wie zu einer Weltreise, denn sie will mich nach Konstanz begleiten, weil sie mich, das ihr anvertraute Gut, wohlbehalten an Dich abliefern will. Sie wird schon am nächsten Tage nach Basel zurückkehren, wahrscheinlich froh, ihrer schweren Pflicht entledigt zu sein. So lieb sie mich hat in ihrer Art, wird sie doch froh sein, wenn ich sie nicht mehr in ihrer Ruhe störe. So gefügig ich mich auch ihrem Haushalt angegliedert habe, manchmal habe ich doch in meiner stürmenden Ungeduld nach Leben und Betätigung ihren Frieden gestört, und es hat sie nervös gemacht, daß ich nicht so zufrieden war mit der Stille ihres Lebens wie sie selbst. Es scheint mein Schicksal zu sein, daß sich die Menschen viel leichter von mir trennen als ich mich von ihnen.

Also, ich treffe pünktlich in Konstanz ein.

Auf baldiges Wiedersehen, mein lieber Vater.

Deine Tochter Carla«

Fritz Rottmann faltete den Brief zusammen und sah nachdenklich vor sich hin. Seine Stirn bildete über der Nasenwurzel eine tiefe Falte. Er atmete tief auf.

Seine Tochter hatte recht. Er hatte nie die echte, rechte Vaterliebe für sie gefühlt, weil sie ein Mädchen war. Der heißersehnte Sohn war ihm versagt geblieben. Das hatte er ungerechterweise nicht nur seine Tochter, sondern auch seine frühverstorbene Frau fühlen lassen. Die Gattin hatte er geliebt, soweit ein Mann wie er, der die Frauen nur als untergeordnete Wesen ansah, lieben konnte. Sein harter, selbstherrlicher Charakter verbitterte sich gegen die Frau, die ihm keinen Sohn schenkte, genauso wie gegen die Tochter. Fast zwanzig Jahre hatte seine Frau an seiner Seite gelebt, als sie starb. Das war für ihn kein so harter Schlag wie für seine Tochter. So fremd sie dem Vater gegenüberstand, so innig hatte sie sich an die Mutter angeschlossen. Sie fühlte sich grenzenlos vereinsamt nach deren Tod.

Fritz Rottmann hatte sich all die Zeit über im Recht gefühlt, als er Frau und Tochter grollte und letztere sich ferngehalten hatte. Was sollte er mit einer Tochter anfangen? Was konnte sie ihm sein?

Aber dieser Brief Carlas, den er vor kurzem erhalten hatte, war doch nicht ohne Eindruck auf ihn geblieben. Bisher hatte er seine Tochter, gleich allen Frauen, als ein sehr unwichtiges Wesen betrachtet. Ihre Schüchternheit ihm gegenüber war ihm unlieb gewesen, und er sagte sich nicht, daß er selbst die Schuld daran trug.

Und nun hatte sie sich plötzlich erkühnt, in einem so ganz anderen Ton mit ihm zu reden. Furchtlos, wenn auch in verhaltener Art, hatte sie sein Verhalten gegen sie kritisiert und beleuchtet. Ruhig und bestimmt sagte sie ihm, daß er ein Unrecht an ihr begangen habe. Ihn, der Herr war über viele Menschen, hatte noch niemand in solcher Weise ins Unrecht zu setzen gewagt. Alles, was er sonst tat und anordnete, war stets gut und richtig gewesen. Und nun erkühnte sich dieses kleine Mädchen, seine unbedeutende Tochter, ihn gleichsam zur Rede zu stellen, ihn anzuklagen.

Zuerst war eine zornige Aufwallung in ihm hochgestiegen. Was fiel diesem kleinen dummen Mädel ein? Aber dann, als er den Brief wieder und wieder las, erwachte doch wider Willen ein anderes, besseres Gefühl in ihm. Er wollte es sich in seiner selbstherrlichen Art nur nicht eingestehen, daß er ihm imponierte. Ein klarer Geist leuchtete daraus hervor, und im Grunde sprach sie nur die Wahrheit. Ein wenig, ein ganz klein wenig schämte er sich nun doch, seine Tochter vernachlässigt zu haben.

»Wenn sie ein Junge geworden wäre, das wäre ein ganzer Kerl geworden«, sagte er jetzt, widerwillig anerkennend, vor sich hin.

Aber als er den Brief wieder in seine Brieftasche steckte, trotzte er doch gegen dies Gefühl an.

»Eine unbotmäßige Tochter, das könnte mir fehlen. Ich werde sie möglichst schnell verheiraten. Sie soll mir wenigstens dazu verhelfen, einen Schwiegersohn zu bekommen, der nach meinem Herzen ist. Ja, Heinz Salfner soll ihr Gatte werden — und mein Sohn. Ich will's.«

Und schnell faßte er nach dem anderen Brief und las:

»Mein hochverehrter väterlicher Freund! Ich weiß Sie in diesen Tagen auf der Rückkehr nach Deutschland, weiß, daß Sie am 7. Juni in Konstanz zu treffen sind, ehe Sie vermutlich in die Schweiz reisen, um Ihr Fräulein Tochter abzuholen. Es sind hier allerlei Geschäfte von größter Wichtigkeit erledigt worden, und Sie haben mir mit der Vollmacht, die Sie mir gegeben, auch die Verantwortung auferlegt. So gut ich konnte, und hoffentlich in Ihrem Sinn, habe ich disponiert, und zwar, da ich Anweisungen von Ihnen nicht einholen konnte, nach eigenem Gutdünken.

Nun drängt es mich aber, zu erfahren, ob Sie zufrieden sind. Ich kann damit nicht warten, bis Sie heimkehren, und mache mich übermorgen auf den Weg, um Sie in Konstanz zu treffen. Bitte erwarten Sie mich im Insel-Hotel. Ich komme über Lindau, da ich auf dem Weg noch Geschäfte abzuwickeln habe. Die üblichen Berichte lege ich bei, damit Sie schon jetzt Einsicht nehmen können. Das Geschäft nimmt einen ungeahnten Aufschwung. Ich erhoffe Ihre Zufriedenheit und Anerkennung alles dessen, was ich rasch, ohne Ihre Zustimmung, entscheiden mußte, und bin nicht eher zufrieden, als bis ich Ihrer gewiß bin.

Mit ergebenen Grüßen

Ihr allzeit dankbarer   Heinz Salfner«

Ein Lächeln flog über das strenge Gesicht Fritz Rottmanns.

»Was mag der Teufelskerl angestellt haben? Nun, ich traue ihm das Beste zu. Solch einen Sohn zu haben, das wäre Erfüllung aller Wünsche. Er muß mein Sohn werden, um jeden Preis!«

Auch dieses Schreiben legte er in die Brieftasche zurück. Ungeduldig sah er auf die Uhr und schritt dann im Zimmer auf und ab. Zuweilen blieb er am Fenster stehen und blickte auf den Bodensee hinab. Die Anlegestelle der Schiffe war von hier aus nicht zu sehen, aber auf der breiten Promenade, die zur Haltestelle hinüberführte, war der Verkehr stärker geworden, ein Zeichen, daß der Dampfer gelandet war.

Nun mußte Heinz Salfner gleich hier sein. Und schon nach wenigen Minuten klopfte es an der Doppeltür. Gleich darauf stand ein schlanker, hochgewachsener Mann mit einem gebräunten, energisch geschnittenen Gesicht auf der Schwelle. Er trug einen grauen Reiseanzug. Seine stahlblauen Augen, aus denen fester Wille und rasche Entschlossenheit blitzten, richteten sich auf Fritz Rottmann.

Dieser streckte ihm beide Hände entgegen.

»Endlich!« rief er mit einem tiefen Aufatmen.

Heinz Salfners Brust hob sich ebenfalls in einem befreiten Atemzug, als liege eine Anspannung aller Kräfte hinter ihm.

»Gottlob, ich fürchtete schon, daß Sie in die Schweiz weitergereist sein könnten, ehe ich Sie erreiche.«

»Ich reise nicht nach Basel. Es verlangt mich nicht, in das Puppenheim meiner altjüngferlichen Schwägerin einzudringen, und deshalb habe ich meine Tochter einfach hierher bestellt. Ich erwarte sie morgen hier in Konstanz.«

»Ich war in so großer Sorge, daß ich Sie nicht mehr erreichen würde.«

»Nun also, ohne Umschweife, Salfner, was hat es gegeben? Nehmen Sie Platz, und wenn Sie nicht gar zu müde sind, kommen wir gleich zur Sache.«

Er ließ sich nieder, aber Heinz Salfner reckte seinen kraftvollen, sehnigen Körper.

»Gestatten Sie mir, daß ich stehenbleibe, bis ich alles vom Herzen herunter habe. Ich habe zum Sitzen keine Ruhe.«

»Wie Sie wollen. Also?«

Der junge Mann atmete nochmals tief auf.

»Sie haben die rasend schnelle Markentwertung unterwegs verfolgt, Herr Rottmann?«

»Mit schwerer Sorge, das können Sie sich denken. Ich wäre am liebsten heimgeflogen, weil es mit dem Reisen so langsam ging. Mein einziger Trost war, daß ich Sie daheim auf dem Posten wußte.«

Heinz Salfner strich sich über die Stirn.

»Es ging auch hart auf hart, Herr Rottmann. Ich wußte kaum, wie ich mit dem Kurssturz Schritt halten sollte. Der Dollar stieg und stieg, und unsere Speicher leerten sich rasend schnell, ohne daß ich für genügend Ersatz sorgen konnte. Da kam unerwartet ein meiner Ansicht nach sehr günstiges Angebot; aber es handelte sich um einen enormen Posten, und in einer Stunde mußte ich mich entscheiden. Eine Riesensumme mußte flüssiggemacht werden, für eine zweite gleich große wurden kurzfristige Wechsel verlangt.

Ich habe es gewagt, habe alle Reserven flottgemacht und den Abschluß getätigt, denn es blieb mir nicht einmal Zeit, mich telegraphisch mit Ihnen zu verständigen. Hätte ich es nicht getan, ständen unsere Speicher jetzt zur Hälfte leer. Nun ist alles gefüllt — und es liegen große Bestellungen vor. Wir können billiger liefern als die anderen und besser, weil ich die günstige Gelegenheit beim Schopf faßte und wir der Konkurrenz zuvorkommen konnten. Das Ansehen der Firma Rottmann ist von neuem gefestigt, und ein guter Gewinn ist sicher. Trotzdem habe ich verschiedene schlaflose Nächte gehabt, Herr Rottmann, denn mit solchen Summen habe ich noch nie jonglieren müssen. Hier bringe ich Ihnen die Unterlagen. Bitte, sehen Sie alles durch, und dann sagen Sie mir, ob ich recht getan und in Ihrem Sinn gehandelt habe.«

So sagte Heinz Salfner tief erregt, aber sich zur Ruhe zwingend. Seine Augen blitzten, und die Muskeln seines Gesichts zuckten. Schnell legte er verschiedene Papiere vor seinen Chef hin. Dieser hatte aufmerksam zugehört und prüfte nun die Papiere. Auch er war erregt, aber das merkte man nur an den unruhigen Atemzügen. Er beherrschte sich ebenso gut wie der junge Mann.

Fritz Rottmann blätterte in den Belegen, die einen genaueren Überblick von Heinz Salfners Tätigkeit gaben, während er als Chef selbst abwesend gewesen war.

Der junge Mann hatte glänzend gearbeitet.

Das war tatsächlich mehr, als Fritz Rottmann jemals von seinem Stellvertreter erwartet hätte.

Während er die Papiere sorgsam prüfte, richtete er einige fachliche Fragen an Heinz Salfner, die dieser klipp und klar beantwortete. So verging eine Viertelstunde. Heinz Salfners Augen ruhten in brennender Erwartung auf dem Gesicht seines Chefs.

Endlich richtete dieser sich auf und reichte ihm mit einer raschen Bewegung beide Hände.

»Ich habe gewußt, daß die Firma unter Ihren Augen sicher geborgen war. Meine beiden alten Prokuristen sind ja tüchtige Männer, aber sie wurzeln zu sehr in der alten Zeit, um sich den Sprüngen der neuen anpassen zu können. Es geht mir zuweilen selbst der Atem aus. Sie sind der neuen Zeit gewachsen, Salfner, Sie haben die nötige kaltblütige Entschlossenheit und Nerven von Stahl. Und außerdem haben Sie den nötigen Wagemut, der uns Alten fehlt.

Ich bin also ziemlich ruhig auf die lange und sehr nötige Geschäftsreise gegangen, von der ich schöne Erfolge mit heimbringe. Aber das, was Sie jetzt für mich und die Firma getan haben, das ist — ich finde keine Worte dafür. Ich danke Ihnen, lieber Salfner. Ohne Ihr entschlossenes Eingreifen wäre uns ein riesiger Gewinn entgangen, und, was schlimmer gewesen wäre, unsere Leistungsfähigkeit wäre stark beeinträchtigt worden. Jetzt können wir der neuen Sturm-und-Drang-Periode einigermaßen ruhig entgegensehen. Ihre und meine Erfolge zusammen setzen uns in den Stand, allen Anforderungen, die jetzt an uns gestellt werden, gerecht zu werden. Sie sind ein prächtiger Mensch, Salfner, und ein Gewinn für die Firma Rottmann. Das habe ich schon längst gewußt, und Sie haben es mir von neuem bestätigt.«

Heinz Salfners blaue Augen leuchteten auf. Seine Stirn rötete sich.

»Ich freue mich, daß Sie mit mir zufrieden sind, Herr Rottmann. Und wenn ich Ihnen einen Dienst geleistet habe, dann habe ich wenigstens einen Teil meiner Dankesschuld an Sie abgetragen.«

Lächelnd sah Rottmann zu ihm auf. »Diese Dankesschuld hat Sie wohl arg gedrückt?«

Salfner schüttelte den Kopf. »Nein, dazu ließen Sie es nicht kommen, daß sie mich drückte. So großmütig und großzügig haben Sie mir geholfen, als ich nach Friedensschluß mit leeren Händen und existenzlos dastand. Meine Karriere als Offizier hatte ja ein unrühmliches Ende gefunden nach unserem Rückzug. Ich konnte nicht mehr Offizier bleiben, auch wenn man mich behalten hätte. Vermögen hatte ich nicht, meine Mutter und Schwester sind eher auf meine Unterstützung angewiesen, als daß sie mir hätten helfen können, und so stand ich so ziemlich dem Nichts gegenüber, als ich Ihnen damals in einer schauderhaften Gemütsverfassung am Hafen begegnete. Sie zeigten mir gleich ein so warmes Interesse, daß ich Ihnen ewig dankbar dafür sein muß.«

»Das war doch selbstverständlich. Sie waren der Sohn meines besten Freundes, den ich schon immer um seinen tüchtigen Sohn beneidet hatte. Ihr Vater hatte als Major für das Vaterland sein Leben dahingegeben. Und Sie standen vor mir, mit zusammengebissenen Zähnen, mit einem mannhaften Trotz, und in aller Not doch ein ganzer Kerl. Da war es für mich selbstverständlich, daß ich mich Ihrer annahm.«

»Und das haben Sie in sehr umfassender Art getan. Sie boten mir eine sichere Existenz in Ihrem Haus, zeigten mir ein ehrendes und mich beglückendes Vertrauen und gaben mir neue Pflichten, neue Lebensmöglichkeiten.«

»Nun, davon sollen Sie kein Aufhebens machen. Wenn

ich in Ihnen nicht den tüchtigen Kerl entdeckt hätte, wäre meine Fürsorge für Sie nicht so eifrig gewesen. Ich habe selbst den meisten Nutzen davon gehabt. Daß ich an Ihnen einen guten Griff getan hatte, wußte ich schon nach vier Wochen, und seither haben Sie mir das immer wieder bewiesen. Zuletzt mit diesem Bravourstückchen. Ja, mein lieber Salfner — jetzt hat sich das Blättchen gewendet. Jetzt bin ich in Ihrer Schuld. Oft in diesen Jahren, da Sie meine rechte Hand geworden sind, habe ich mir gewünscht, daß Sie mein Sohn sein möchten. Heute wünsche ich das mehr denn je.«

Heinz Salfner atmete tief auf. »Das macht mich sehr stolz, Herr Rottmann«, sagte er bewegt.

Eine Weile blieb es still. Rottmanns Augen hafteten sinnend auf Heinz Salfners Antlitz. Dann stand er plötzlich auf, faßte Salfners Hand von neuem und sah ihn mit einem seltsam drängenden Blick an.

»Ich muß Ihnen in dieser Stunde etwas sagen, was ich schon lange auf dem Herzen habe, was mich lange schon innerlich beschäftigt. Gerade jetzt soll es ausgesprochen werden, wo Sie große Summen und das Ansehen der Firma Rottmann gerettet haben. Sie wissen, ich habe sehr darunter gelitten, daß ich keinen Sohn, keinen männlichen Erben habe. Seit ich Sie an meiner Seite arbeiten sah, habe ich immer denken müssen: So wie dieser prächtige junge Mensch hätte dein Sohn beschaffen sein müssen, hättest du einen gehabt. Und dieser Gedanke hat sich mehr und mehr zu dem Wunsch verdichtet, Sie für immer an mich und die Firma Rottmann zu fesseln. Ich habe darüber nachgedacht, Tag und Nacht, wie ich Sie unlösbar an mich binden könnte. Und da ist mir endlich eine Erleuchtung gekommen, und ich habe mich nun in diesen Gedanken verbissen. Salfner, Sie könnten mein Sohn werden, und zwar über meine Tochter hinweg. Ich meine, Sie müßten mein Schwiegersohn werden.«

Der junge Mann zuckte betroffen zusammen und sah ihn betreten an.

»Herr Rottmann!« rief er mehr verblüfft als erfreut.

Rottmann strich sich über die Stirn. »Sie erschrecken! Es ist auch ein sehr ungewöhnliches Anerbieten, das ich Ihnen mache. Aber daß ich es tue, müßte alle Ihre Bedenken zerstreuen. Es muß Ihnen beweisen, wie innig ich mich schon in diesen Gedanken eingelebt habe. Sie kennen meine Tochter noch nicht, ich selbst habe sie seit reichlich drei Jahren nicht mehr gesehen. Und Sie wissen nichts von ihr, als daß sie in der Schweiz bei ihrer Tante lebt und jetzt in ihr Vaterhaus zurückkehren soll. Gerade weil Sie meine Tochter noch nicht kennen, konnte ich Ihnen meinen Wunsch enthüllen. Ich gestehe, daß meine Tochter nie irgendwelche Bedeutung für mich hatte. Ich habe es ihr nicht verzeihen können, daß sie eben nur ein Mädchen war. Ich weiß, das ist ungerecht, aber mit einem Mädchen wußte ich nichts anzufangen. Ein Sohn hätte mir alles sein können. Sie ist mir fast fremd geworden und — ich hätte sie wohl auch jetzt noch nicht heimgerufen, wenn mir nicht die Hoffnung gekommen wäre, daß sie mir helfen könnte, Sie mir als Sohn zu erringen. Dann soll sie mir lieb und teuer werden. Sie darf natürlich nicht wissen, daß ich solche Pläne mit ihr habe. Frauen sind in solchen Dingen sehr sentimental. Aber wir zwei Männer können doch offen über diese Dinge reden.

Nein, sprechen Sie noch nicht. Ich will keine rasche Antwort, die vielleicht gegen meine Wünsche ausfallen könnte, wenn ich Ihnen nicht alles im rechten Licht gezeigt habe. Lassen Sie mich noch einiges hinzufügen. Meine Tochter ist gesund an Leib und Seele, sie ist auch nicht häßlich, vielleicht sogar hübsch. Und sie hat eine sorgfältige Erziehung genossen, hat ziemlich abgeschlossen bei ihrer alten Tante gelebt und ist sicher noch ein unbeschriebenes Blatt. Ihr Charakter ist tadellos, sie ist sanft und gefügig und würde

Ihnen sicher eine gute Frau werden. Sie wird die Erbin meines Vermögens und der Firma Rottmann sein. Und niemand erscheint mir würdiger, ihr Gatte zu werden, als Sie. So, nun können Sie sprechen.«

Mit seinen stahlblauen Augen sah Heinz Salfner zum Fenster hinaus. Sein Blick schweifte über den Bodensee. Aber er sah nichts, was außer ihm war. Mit all seinen Sinnen war er bei dem, was Rottmann ihm gesagt hatte.

Als junger Offizier hatte er, wie viele seiner Kameraden, seine kleinen Abenteuer gehabt, aber die Frauen waren ihm nicht besonders wichtig erschienen. Dann kam der Krieg mit seinen wilden Stürmen, und nach allem Furchtbaren, was er erlebte, das furchtbare Ende. Da hatten die Frauen gar keine Rolle mehr gespielt in seinem zerstörten Leben. Nur an die geliebte Mutter und Schwester hatte er sich noch mehr angeschlossen in gemeinsamer Not, und daß er ihnen kein sorgloseres Leben schaffen konnte, bedrückte ihn sehr. Rottmann hatte ihm dann eine neue Existenz geboten, aber es galt, alle Kräfte einzusetzen, um sich in diese einzuleben; auch da blieb ihm keine Zeit, sich sonderlich um die Frauen zu kümmern.

An eine Heirat hatte er wohl manchmal gedacht wie an die Krönung seines Lebens, aber die Zeiten waren nicht dazu angetan, die Gründung eines eigenen Hausstandes zu erträumen. Nach Geld zu heiraten, daran hatte er nie gedacht. Das lag seinem Wesen völlig fern. Als er bei Rottmann ein sehr gutes Gehalt bezog, freute er sich, Mutter und Schwester helfen zu können. Und nun bot ihm Rottmann plötzlich mit vollen Händen alles, was ihm das Leben bisher versagt hatte, unter anderem auch die Möglichkeit, noch mehr als bisher für Mutter und Schwester tun zu können.

Das vor allem fiel schwer in die Waagschale. Aber auch sonst war dies Anerbieten so verlockend, daß er schwach werden konnte. Er sollte der Schwiegersohn des Mannes werden, den er so hoch verehrte, sollte sein Erbe sein, sein Nachfolger an der Spitze der Firma Rottmann? Aber auch zugleich der Gatte von Fritz Rottmanns Tochter, einer Frau, die er nicht kannte, von deren Wesensart er nichts wußte. Das benahm ihm den Atem.

Er war sich wohl bewußt, daß ihm etwas Großes geboten wurde, und vor allen Dingen erfüllte es ihn mit Stolz und Freude, daß Fritz Rottmann ihm mit solchen Gefühlen gegenüberstand. Er stellte seinen Wohltäter hoch über alle Menschen, und seine Worte hatten tiefen Eindruck auf ihn gemacht. Erst nach einer langen Weile vermochte er zu sprechen.

»Ich weiß nicht, Herr Rottmann, was ich Ihnen erwidern soll. Ihre Worte haben alles in mir aufgewühlt. Sie wissen, wie sehr ich Sie hochschätze und verehre, und ich verkenne auch nicht, was Sie mir da an äußeren Gütern bieten. Es überwältigt mich einfach, und ich bin nicht Phantast genug, ein so großes Glück ohne weiteres auszuschlagen. In dieser harten, schweren Zeit wiegt es doppelt, und ich muß dabei auch an meine Mutter und meine Schwester denken. Aber bei alledem darf ich Ihr Fräulein Tochter nicht vergessen. Ich kenne sie nicht, weiß nichts von ihr. Das kommt jedoch nicht einmal so sehr in Frage, da Sie mir versichern, daß sie gesund und von gutem Charakter ist. Schließlich ist mein Herz völlig frei, und ich könnte versuchen, ob ich es ihr nicht zuwenden könnte. Daß sie die Tochter eines Mannes ist, den ich so hoch verehre, würde mir das leichtmachen. Aber Ihr Fräulein Tochter hat in dieser Frage das erste Wort zu sprechen, hat einzig und allein über sich selbst zu bestimmen, und deshalb dürfen wir keine Pläne machen, die ihre Zukunft betreffen.«

Rottmann hob die Hand.

»Meine Tochter ist im strengen Gehorsam gegen mich erzogen und wird sich ohne weiteres meinem Wunsch fügen. Daran soll mein Plan nicht scheitern. Aber aus Rücksicht auf das Feingefühl der Frauen will ich vorläufig gar nicht in Aktion treten. Ihnen wird es sicherlich nicht schwerfallen, ein so junges, unberührtes Mädchenherz zu erobern. Ein Mann wie Sie braucht doch nur zu wollen.«

Heinz Salfner schüttelte den Kopf. »Da spricht so mancherlei mit. Sie vergessen, daß wir gar nicht wissen, ob das Herz Ihres Fräulein Tochter noch frei ist. Sie kann es längst anderweitig verschenkt haben.«

Rottmann fuhr auf wie im jähen Schrecken, aber dann sank er wieder in sich zusammen und wehrte hastig ab. »Nein, nein, das ist nicht anzunehmen. Meine Tochter hat sehr zurückgezogen gelebt. Hätte sich ihr ein Mann genähert, so hätte mir meine Schwägerin sofort darüber berichtet.

Die Hauptsache ist, daß Sie sich bereit erklären, meinen Wunsch zu erfüllen. Alles andere wird sich finden.«

Wieder sah Heinz Salfner vor sich hin. Dann richtete er sich auf. »Sie bieten mir ein fürstliches Geschenk, und ich würde mit beiden Händen zugreifen, wenn ich mir nicht sagen müßte, daß ich nicht allein darüber zu bestimmen habe.«

»Nun, Sie sollen sich auch heute noch nicht binden. Ich wollte nur wissen, ob außer Ihrem Willen noch Hindernisse vorliegen.«

»Hindernisse? Nein; ich bin, wie ich schon sagte, ein freier Mann. Aber ich muß natürlich, ehe ich mich entscheide, Ihr Fräulein Tochter kennenlernen, muß wissen, ob ich Sympathie für sie empfinden kann. Das halte ich für unerläßlich. Eine große Leidenschaft ist nicht nötig als Grundstein für eine gute Ehe, aber Sympathie und Hochachtung muß man der Frau entgegenbringen, die man an seine Seite stellt.«

»Nun gut, lernen Sie meine Tochter kennen. Sie wird morgen hier eintreffen, und Sie können unverfänglich mit ihr zusammensein, sooft Sie wollen. Und wenn Sie etwas für sie empfinden können, dann erfüllen Sie meinen Wunsch, nicht wahr?«

Eine Weile zögerte der junge Mann noch. Es zog doch in diesem Augenblick etwas wie ein holder Traum an ihm vorüber. Früher hatte er zuweilen daran gedacht, daß es schön sein müsse, eine Frau heimzuführen, die man von ganzem Herzen lieben konnte. Und nun sollte er sich für ein Mädchen entscheiden, das ihm nur äußere Verhältnisse und die Dankbarkeit gegen den Vater aufnötigten. Aber warum sollte es nicht möglich sein, daß er sein Herz an Carla Rottmann verlor und daß auch er ihre Liebe errang. Er wünschte, daß es so sein möchte, weil ihm das alles viel leichter machen würde.

Er strich sich über die Stirn. »Verzeihen Sie, wenn ich mich noch bedenke, Herr Rottmann, es kommt mir alles so überraschend. Aber ich habe den innigen Wunsch, daß ich den Ihren erfüllen kann.«

Rottmann faßte seine Hand. »Damit bin ich vorläufig zufrieden. Ich gebe Ihnen Zeit, soviel Sie wollen. Sie kennen jetzt meinen geheimsten Herzenswunsch, und das übrige wird sich finden.«

»Nur eine Bitte habe ich noch.«

»Nun?«

»Sie müssen mir versprechen, daß Sie auf Ihr Fräulein Tochter keinerlei Zwang ausüben wollen. Wenn sie nicht freiwillig und freien Herzens meine Frau werden kann, darf sie nicht beeinflußt werden.«

»Gut, das verspreche ich Ihnen. Wenn meine Tochter klare Augen im Kopf hat, wird sie sich nicht lange besinnen, einem Mann, wie Sie es sind, ihr Herz zu schenken.«

Ein leichtes Lächeln huschte über Salfners Gesicht. »Väter haben meist einen anderen Geschmack als ihre Töchter.«

»Oh, wenn meine Tochter einen guten Geschmack hat, wird sie den ihres Vaters teilen. Ich bin ganz zuversichtlich, da ich Sie auf meiner Seite habe. Herrgott, Salfner! Ich wäre sehr, sehr glücklich, wenn Sie mein Sohn würden.«

Salfner preßte seine Hand. »Ich bin Ihnen so dankbar für Ihre gute Meinung, für Ihre väterliche Zuneigung.«

Sie schüttelten einander die Hände.

»Und nun wollen wir zu Tisch gehen. Sie werden hungrig sein«, sagte Rottmann.

Lächelnd nickte Salfner. »O ja, hungrig bin ich. Vor lauter Aufregung habe ich unterwegs nicht viel essen können. Gestatten Sie nur, daß ich mich erst vom Reisestaub reinige.«

»Selbstverständlich, machen Sie sich fertig, und holen Sie mich dann ab.«

Sie trennten sich mit einem nochmaligen festen Händedruck.

Eine Viertelstunde später schritten sie nebeneinander den breiten Gang hinab und die Treppe hinunter zu dem großen Speisesaal, dem ehemaligen Refektorium. Während der Mahlzeit, die sie einnahmen, sprachen sie von Geschäften, und Rottmann berichtete vom Erfolg seiner Reise.

Beide waren von den Ereignissen der letzten Wochen voll und ganz befriedigt, das Geschäft war glänzend gegangen.

II

Am nächsten Tag holte Fritz Rottmann seine Tochter und auch seine Schwägerin vom Bahnhof ab. Er musterte sie mit kritisch prüfendem Blick. Sie war mittelgroß, schlank gewachsen und hatte feine, sympathische Gesichtszüge — aber unfreie, linkische Bewegungen; vielleicht gerade deshalb, weil sie fühlte, daß der Vater sie kritisch beobachtete. Sie streifte das Antlitz des Vaters mit einem großen, fragenden Blick, als er sie mit einer etwas erzwungenen Heiterkeit begrüßte, und dann senkten sich ihre Augen. Still hatte sie den Kuß geduldet, den er ihr auf die Stirn drückte, und nun schritt sie neben ihm und Tante Gertrud den Bahnsteig entlang und tauschte wenige oberflächliche Redensarten über die Reise und das Wetter mit ihm aus.

Immer wieder flog des Vates Blick von der Seite prüfend über die Tochter hin. Sie trug ein graues Reisekleid, das sehr schlecht saß, wenn es auch von gutem Stoff und auf Seide gearbeitet war, und einen wenig kleidsamen Hut.

Tante Gertrud war eine hagere, altjüngferliche Erscheinung mit eckigen Bewegungen. Ihr Reisekleid hatte den gleichen Schnitt wie das ihrer Nichte, und Fritz Rottmann mußte daran denken, was seine Tochter ihm darüber geschrieben hatte. Carla würde sich anders kleiden müssen, wenn sie einem Mann von Geschmack gefallen sollte.

Als sie in einem Wagen vor dem Bahnhof Platz nahmen, sagte Tante Gertrud aufatmend:

»Welch ein furchtbarer Trubel! Reisen ist schrecklich, man wird ganz krank davon. Ich werde froh sein, wenn ich erst wieder in meiner stillen Klause bin.«

»Oh, es tut mir leid, daß ich dich zu dieser Reise veranlaßt habe, liebe Gertrud. Ich ahnte freilich nicht, daß ich dir damit ein Opfer auferlegte«, erwiderte Rottmann.

Die alte Dame lächelte wie ein Opferlamm. »Laß nur, lieber Schwager, ich bringe dies Opfer gern. Aber es ist nirgends so still und friedlich wie daheim bei mir, nicht wahr, Carla?«

Ein müdes Lächeln huschte um Carlas Mund. »Ganz gewiß nicht, Tante Gertrud.«

Die alte Dame nickte. »Ja, ja, du wirst dich noch manchmal nach diesem stillen Frieden zurücksehnen, wenn du auch zuweilen ungeduldig nach der Welt da draußen verlangt hast. Aber natürlich ist es jetzt an der Zeit, daß du in dein Vaterhaus zurückkehrst. Lieber Schwager, ich habe nicht gedacht, daß du Carla so lange bei mir lassen würdest, aber ich habe natürlich alles getan, um ihre Erziehung zu vollenden. Ich denke, du wirst zufrieden sein. Eine wohlerzogenere, gesittetere junge Dame als Carla gibt es nicht. Darüber sind all meine Freundinnen einig, und die sind alle sehr streng in ihren Ansichten.«

Fritz Rottmann sah zu seiner Tochter hinüber und bemerkte, daß ihre Lippen zuckten. Ein leises Unbehagen stieg in ihm auf. Für seine Zwecke erschien Carla doch zu klösterlich erzogen zu sein. Für den feinen, stillen Reiz, der über ihren Zügen lag, hatte er kein Verständnis. Er sah nur, daß sie sehr schöne graue Augen hatte, die von dunklen Brauen und Wimpern umgeben waren und ein reiches Seelenleben verrieten.

Daß die Altjüngferlichkeit ihrer Tante wenigstens äußerlich ein wenig auf sie abgefärbt hatte, entging ihm auch nicht, aber er sagte sich, daß dies wohl nur an dem ungeschickten Anzug lag. Es würde sich schnell ändern, wenn Carla in eine andere Umgebung kam und Tante Gertrud nicht mehr bestimmend in ihre Toilettenfragen eingriff.

Ehe sie das Hotel erreichten, sagte Fritz Rottmann: »Mein jüngster Prokurist, Herr Salfner, ist auch in Konstanz. Du wirst ihn nachher kennenlernen. Er ist der Sohn meines im Krieg gefallenen besten Freundes, ein sehr liebenswürdiger und hervorragend tüchtiger junger Mann. Er verkehrt viel in meinem Haus und wird also auch mit dir sehr oft zusammenkommen, Carla. Ich hoffe, du stellst dich gut mit ihm.«

Carla hörte nur mit halbem Ohr zu. Sie dachte nur immer: »Wann wird mich mein Vater einmal ansehen, wie ein liebevoller Vater seine Tochter ansieht?«

Ihr war sehr weh ums Herz. Sie fror unter dem kritisch prüfenden Blick ihres Vaters. Und sie ahnte natürlich nicht, daß er sie nur daraufhin ansah, ob sie Heinz Salfner gefallen würde.

Daß dieser einen günstigen Eindruck auf Carla machen würde, bezweifelte er keinen Augenblick. Oft genug hatte er bemerkt, daß die Frauen seiner interessanten Erscheinung mit sehr wohlgefälligen Blicken nachsahen. Es würde ihm gewiß nicht schwerfallen, dies unberührte junge Mädchenherz gefangenzunehmen.

Aber war es wirklich noch unberührt? Diese Frage beunruhigte ihn plötzlich, und er wünschte sich Gewißheit zu verschaffen. Deshalb sagte er wie im Scherz: »Da habe ich nun eine erwachsene Tochter, die längst heiratsfähig ist. Du bist doch bereits einundzwanzig Jahre alt, Carla?«

»Ja, Vater«, sagte sie tonlos.

»Und wie steht es mit der Heiratslust? Hast du etwa gar schon dein Herz verschenkt?«

Ruhig und unbefangen sah sie ihn an. »Nein, Vater, mein Herz ist noch ganz frei. Ich habe auch nie Gelegenheit gehabt, es zu verschenken, denn ich habe fast nur mit alten Damen verkehrt und keine jungen Herren näher kennengelernt.«

»Nun, zum Verlieben braucht man sich doch nicht näher zu kennen«, scherzte er.

Da traf ihn ein großer, ernster Blick aus den Augen seiner Tochter. »Doch, Vater, wenn man einen Menschen liebgewinnen soll, muß man ihn auch kennen. Man liebt schließlich nicht nur das Äußere an einem Menschen, sondern seine ganze Art, sein ganzes Wesen.«

Nun war er befriedigt. Aber er sagte lächelnd: »Es soll doch auch eine Liebe auf den ersten Blick geben?«

Was würde ihm Carla für eine Antwort geben?

Seine Tochter schien zu überlegen.

Jetzt hatte sie scheinbar die Antwort auf seine Frage gefunden.

Sie zuckte die Achseln. »Das kann ich nicht beurteilen.«

»Jedenfalls wirst du dir bald ein Urteil darüber bilden können, du wirst jetzt in die Gesellschaft deiner Vaterstadt eingeführt werden und natürlich genug junge Herren kennenlernen.«

»Es eilt mir nicht damit, Vater«, sagte sie in ihrer ernsten, stillen Art.

Es quälte sie direkt, daß der Vater es anscheinend so eilig hatte, sie zu verheiraten.

Fritz Rottmann war ihr ernster Blick unbehaglich. Er mußte an den Brief denken, den sie ihm geschrieben hatte. Und er glaubte, in ihren Augen denselben Vorwurf zu lesen, den sie ihm in ihrem Brief gemacht hatte.

Etwas in diesem Blick griff ihm nun doch ans Herz. Er faßte ihre Hand und beugte sich vor. »Wir sind uns ein wenig fremd geworden, Carla, und daran trage ich die meiste Schuld. Aber das soll nun besser werden, nicht wahr?« sagte er wärmer als bisher.

Und der stattliche, imponierende Mann konnte etwas sehr Bestrickendes haben, wenn er sich einmal warm und herzlich gab, vielleicht gerade, weil das so selten geschah. Carla schoß das Blut ins Gesicht, alles war in diesem Augenblick vergessen, was trennend zwischen ihr und dem Vater stand. Alle Tore ihres vereinsamten Herzens sprangen vor ihm auf, und sie umklammerte mit krampfhaftem Druck seine Hand.

»Lieber Vater — lieber, lieber Vater, wie sehr ich mich darauf freue!« rief sie mit ihrer seltsam tief und weich klingenden Stimme. Und dann fuhr sie zaghaft fort: »Hast du meinen Brief erhalten?«

Er nickte. »Ja, und ich habe ihn mir auch zu Herzen genommen. Sieh, Kind, so ein Geschäftsmann wie ich, der hat so wenig Zeit, Mensch zu sein. Aber wenn du bei mir bist, soll es besser werden. Wir werden uns nun bald besser verstehen.«

Sie drückte seine Hand in tiefster Erregung, und ihre Augen strahlten ihn glückselig an. Die wenigen guten Worte des Vaters hatten sie mit froher Hoffnung auf die Zukunft erfüllt.

Ihr Vater fand, daß sie mit diesen aufleuchtenden Augen sehr reizend aussah, und er dachte: »Wenn sie Heinz Salfner so ansieht, wird sie ihm schon gefallen.« Immer war er viel mehr in Sorge, daß sie Salfner gefiel, als daß dieser ihr zusagte.

Im Hotel angekommen, führte Fritz Rottmann die Damen auf ihre Zimmer und sagte ihnen, daß er sie in einer Stunde abholen würde, um mit ihnen zu Tisch zu gehen.

»Ich werde euch dann Herrn Salfner vorstellen, der mit uns speisen wird«, sagte er.

Carla hätte es viel lieber gesehen, wenn sie mit dem Vater allein geblieben wären, aber das sprach sie nicht aus. Sie blieb, als sie in ihrem Zimmer allein war, stehen und drückte die Hände aufs Herz.

»Vater — lieber Vater!« flüsterte sie flehend, als wollte sie ihn beschwören, sie liebzuhaben.

Und dann atmete sie tief auf und begann sich umzukleiden. Als sie sich im Spiegel betrachtete, schüttelte sie unwillig den Kopf. Es hatte ihr nie Freude gemacht, sich anzusehen, und was ihr Tante Gertrud an Garderobe bestellte, hatte ihr nie gefallen. Sie trug es nur, um die alte Dame durch eine Ablehnung nicht zu kränken und weil ihr bisher ihr Äußeres sehr gleichgültig gewesen war. Jetzt sah sie im Geist ihren eleganten Vater neben sich stehen, fühlte wieder seinen kritischen Blick und seufzte tief auf.

»Das muß anders werden«, flüsterte sie vor sich hin.

Und sie dachte darüber nach, wie sich ihr ferneres Leben in ihrem Vaterhaus gestalten würde. Sie wollte alles tun, was in ihrer Macht lag, um des Vaters Liebe zu erringen. Jetzt würde sie ja täglich bei ihm sein, würde um seine Liebe werben können. Es mußte ihr doch endlich gelingen, in seinem Herzen etwas für sie zu wecken.

Als Fritz Rottmann die beiden Damen abholte, um sie in den Speisesaal zu führen, waren sie längst bereit. Im Speisesaal hatte Fritz Rottmann am Fenster einen Tisch reservieren lassen. Dort wurden sie von Heinz Salfner erwartet. Er sprang auf und blieb abwartend stehen, bis ihn sein Chef mit den Damen bekannt machte. Sein Blick flog unruhig forschend über die Erscheinung der jüngeren Dame.

Carla hatte ein leichtes Sommerkleid angelegt, aber obwohl sie darin ein wenig vorteilhafter aussah als in ihrem schlecht sitzenden Reiseanzug, machte sie mit ihrem schüchtern-unbeholfenen Wesen doch keinen günstigen Eindruck. Sie schob sich zaghaft und unsicher durch die Reihen der dichtbesetzten Tische, und ihre Augen blieben gesenkt in tödlicher Verlegenheit, weil ein Blick auf all die elegant gekleideten Damen sie überzeugt hatte, daß sie sehr geschmacklos angezogen war.

So machte sie auf Heinz Salfner durchaus keinen bezaubernden Eindruck. Aber als sie näher kam, sah er doch, daß sie feine, sympathische Züge und eine schlanke, ebenmäßige Gestalt hatte. Und er war fest entschlossen, sie liebenswert zu finden. Um jeden Preis wollte er versuchen, Fritz Rottmanns Wunsch zu erfüllen.

Also war er guter Vorsätze voll, als ihn Fritz Rottmann jetzt mit den beiden Damen bekannt machte.

Erst, als Heinz Salfner einige Worte an sie richtete, hob Carla die Augen zu ihm empor. Nur eine Sekunde sah sie in seine Augen hinein, dann senkte sie den Blick wie in heißem Erschrecken wieder zu Boden. Der Blick dieser stahlblauen Männeraugen, die sich so unruhig fragend und forschend in die ihren senkten, mit einer seltsamen Dringlichkeit, erschreckte sie.

Carla hatte in ihrem klösterlich abgeschiedenen Leben wenig Gelegenheit gehabt, mit jungen Herren zusammenzukommen, und noch nie hatte ein junger Mann irgendwelche Gefühle in ihr ausgelöst. Jetzt, unter Heinz Salfners Blick, zuckte zum erstenmal in ihrem Herzen eine geheime Erregung auf, die ihr das Blut schneller durch die Adern jagte. Sie neigte verlegen dankend das Haupt, als er ihr den günstigsten Platz am Fenster anbot und ihr den Sessel zurechtrückte. Während er sich dann ritterlich um Tante Gertrud bemühte, betrachtete sie ihn verstohlen.

Mit gesenkten Augen, die Hände krampfhaft im Schoß verschlungen, saß sie ihm gegenüber und fühlte mit einer brennenden Scham, wie linkisch unbeholfen und wie schlecht gekleidet sie ihm erscheinen mußte. Sie kam sich noch viel kleiner und gedemütigter vor als unter dem kritischen Blick ihres Vaters. Beklommen sah sie zur Seite, wo eine reizende junge Dame in einer entzückenden Toilette mit einem jungen Herrn zusammensaß und diesem mit graziöser Schelmerei das Händchen reichte, das er mit inniger Gebärde an die Lippen führte.

»Mein Gott, wie häßlich und ungeschickt bin ich«, sagte sie sich bedrückt.

Und ihr Wesen wurde durch diese Erkenntnis natürlich noch unfreier und gezwungener als zuvor.

Zum Glück kam jetzt der Kellner und nahm die Bestellung Fritz Rottmanns entgegen. Dadurch wurde eine Pause geschaffen, die Carla benutzte, um sich ein wenig zu fassen. Als sie aufblickte, bemerkte sie, daß Heinz Salfner sich an Tante Gertrud wandte und ihr die Speisekarte reichte.

So konnte sie wieder unbeobachtet ihre Augen auf ihm ruhen lassen, und ein seltsam traumhaftes Gefühl kam über sie, als ihr Blick seine interessante, kraftvolle Persönlichkeit streifte. Als er sich ihr dann wieder zuwandte und sie ansah, schlug sie wieder erschrocken, wie bei einem Unrecht ertappt, die Augen nieder.

Ihre scheue Hilflosigkeit erbarmte Heinz Salfner, und er suchte sie durch eine ruhige Unterhaltung etwas sicherer zu machen.

Man speiste nun zusammen, und Tante Gertrud erklärte, daß die Küche des Insel-Hotels eine vorzügliche sei. Sie trank auch mit Genuß ein Gläschen Wein und wurde unter dessen Einfluß etwas gesprächiger und vergnügter. Sie erzählte in ihrem Schweizer Deutsch allerlei wichtige Erlebnisse ihrer Reise. Von hundert Kleinlichkeiten war sie in Anspruch genommen gewesen, und sie sprach sich nun alles vom Herzen. Geduldig hörten die beiden Herren ihr zu, aber für Carla war es eine Qual, weil ihr plötzlich so recht zum Bewußtsein kam, daß ihr ganzes Leben bisher mit solchen Nichtigkeiten angefüllt gewesen war. Sie fühlte sehr wohl, daß diesen beiden Männern solcher Kleinlichkeitskram lächerlich erscheinen mußte. Für sie war es sicher sehr uninteressant, daß ein Schaffner grob gewesen, der Kaffee im Speisewagen ungenießbar und eine Scheibe im Wagenfenster zerbrochen gewesen war.

Gern hätte sie dem Gespräch eine andere, interessante Wendung gegeben, aber sie wagte nicht einzugreifen und begnügte sich damit, direkte Fragen zu beantworten. Sooft sie es unbeobachtet tun konnte, sah sie dabei Heinz Salfner an und auch ihren Vater. Dabei kam sie zu dem Ergebnis, daß diese beiden Männer mit ihren kraftvoll-eleganten Erscheinungen, mit ihren großzügig-interessanten Gesichtern und in Art und Wesen einander sehr ähnlich waren. Zwei Menschen aus einer Sphäre, zu der sie nicht mehr gehörte durch ihr Fernhalten aus dem Vaterhaus.

Sie hätte schmerzlich weinen mögen, weil sie dem Vater so fremd gegenübersaß, weil sie diesem jungen Mann, der auf sie einen so tiefen Eindruck gemacht hatte, so linkisch und unbeholfen erscheinen mußte. Sie hätte ihm so gern gefallen.

Zum ersten Mal in ihrem Leben war der Wunsch in ihr lebendig geworden, einem jungen Mann zu gefallen. Ganz plötzlich war bei seinem Anblick dieser Wunsch in ihr wach geworden mit einer seltsam schmerzhaften Dringlichkeit.

Nach Tisch ging man hinaus in den großen, schön gepflegten Garten. Fritz Rottmann ging mit Tante Gertrud voraus, und Carla folgte an Heinz Salfners Seite. Sie schritten auf den saubergehaltenen Kieswegen einen breiten Laubengang hinab, der sich an der Kaimauer dahinzog, und nahmen dann dicht an dieser dicken, niedrigen Mauer, die mit Schlingpflanzen bewachsen war, in weißen Rohrsesseln an einem runden, weißlackierten Tisch Platz. Hier tranken sie den Mokka, den eine schwarzgekleidete, mit weißer Schürze und Häubchen angetane Dienerin servierte. Heinz Salfner hatte versucht, ein etwas interessanteres Gespräch mit Carla anzuknüpfen, als sie durch den Garten schritten. Aber so gern sie darauf eingegangen wäre und so kluge und geistvolle Antworten sie hätte geben können, da sie ja über ein ziemlich großes Wissen verfügte, war ihr doch die Kehle wie zugeschnürt, und sie konnte nur einsilbig und belanglos antworten. Er ahnte nicht, was in ihr vorging und daß ihr das Herz bis zum Hals schlug.

Ein großes Licht ist diese junge Dame nicht, sie scheint ziemlich gleichgültig zu sein, dachte er bei sich selbst.

Sehr begeistert war er also nicht, daß er der Gatte dieser langweiligen jungen Dame werden sollte, aber er redete sich selbst gut zu und dachte an Mutter und Schwester.

Schließlich waren solche Frauen die bequemsten und anspruchslosesten. Viel Zeit blieb ihm ohnedies nicht, sich einer Frau zu widmen, und wenn die junge Dame anders beschaffen sein würde, dann würde sie auch wahrscheinlich anspruchsvoller sein und Anforderungen an seine Gesellschaft stellen.

So suchte er sich selbst zu beruhigen, und jedenfalls war er schon jetzt entschlossen, Fritz Rottmanns Wunsch zu erfüllen. Carla hatte nichts in ihrem Äußeren und in ihrem Wesen, was ihn etwa abstieß und ihm ein Zusammenleben mit ihr unmöglich machte. Sie würde sicher auch bald lernen, sich geschmackvoller zu kleiden, dann würde sie eine ganz nette Erscheinung sein. Der Einfluß der altjüngferlichen Tante Gertrud mußte erst überwunden werden. Seine feinsinnige Mutter und seine muntere, frohherzige Schwester würden schon dafür sorgen, daß Carla Rottmann bald umgewandelt würde, soweit es eben ihre anscheinende

Gleichgültigkeit zuließ. Sanft und von ruhiger Gemütsart schien sie jedenfalls zu sein, in ihren Augen lag sogar ein Ausdruck von echter Herzensgüte. Das war schon viel. Es hätte alles noch viel schlimmer sein können.

So blieb also nur abzuwarten, ob sie auch selbst einverstanden war, seine Frau zu werden. Das war jetzt die Hauptsache.

Während die vier Menschen um den Tisch saßen und zwischen einem nicht sehr unterhaltenden Gespräch den eigenen Gedanken nachhingen, spielten auf der Gartenwiese neben ihnen zwei kleine Mädchen von etwa zwei und drei Jahren Ball. Ihre Eltern saßen an einem Tisch, der ein Stück entfernt ebenfalls an der Kaimauer stand, mit einigen Bekannten zusammen.

Carla hatte den reizenden Kindern schon eine Weile lächelnd zugesehen. Nun bemerkte sie, daß die Jüngste im Eifer des Spiels mit der Stirn gegen einen Baumstamm rannte und, vom Schmerz überwältigt, lautlos zu Boden fiel, dicht neben Carlas Platz.

Das andere kleine Mädchen sah eine blutige Schramme an der Stirn der Schwester und rannte weinend zur Mutter, um diese zu Hilfe zu rufen. Aber ehe die Mutter das Unheil noch erfuhr, war Carla schon aufgesprungen, schüttelte den Inhalt eines Wasserglases auf ihr Taschentuch und drückte es auf die blutende Stirn des Kindes. Dabei sprach sie ihm so liebreich und gütig zu, daß es vergaß, seinen Schmerz hinauszuschreien, wie es nach Überwindung des ersten Schreckens gewillt zu sein schien.

Seltsamerweise hatte Carla über ihrem Samariterwerk alle Scheu und alle Unbeholfenheit vergessen. Ihre Bewegungen waren jetzt sicher und voll Anmut, und sie vergaß vollständig, darauf zu achten, daß ein Paar stahlblaue Männeraugen sie unverwandt ansahen. Sie war jetzt nichts als eine barmherzige Helferin, eine liebreiche Trösterin für das Kind.

Als nun die Mutter der Kleinen erschreckt herbeikam und diese mit dankenden Worten in Empfang nahm, war das Ärgste schon überstanden.

Lächelnd strich Carla noch einmal über den blonden Kinderkopf und wehrte die Dankesworte ab.

»Es ist doch selbstverständlich, gnädige Frau, daß man hilft, wenn man ein Kind in Not sieht«, sagte sie mit ihrer warmen, weichen Stimme.

Heinz Salfner lauschte mit einem seltsam wohligen Empfinden auf diese klare Mädchenstimme, in der so viel Güte lag. Es war ihm bisher noch nicht aufgefallen, wie voll und weich diese Stimme klang und wie wohltuend sie wirkte.

Als Carla jetzt ihren Platz wieder einnahm, betrachtete er sie mit mehr Interesse.

»Sie haben Kinder wohl sehr lieb, mein gnädiges Fräulein?« sagte er lächelnd.

Flüchtig und errötend sah sie zu ihm auf. »Ja, sie sind so reizend in ihrer Hilflosigkeit«, erwiderte sie.

»Carla kann überhaupt nicht ruhig zusehen, wenn ein Mensch in Not ist, sie hat ein zu weiches Herz«, warf Tante Gertrud ins Gespräch.

»Das ist ein schöner Charakterzug«, sagte Heinz Salfner herzlich.

Eine jähe Röte schlug Carla ins Gesicht. Sie fühlte etwas Warmes in sich aufsteigen bei seinen Worten, saß aber nun wieder so hilflos verlegen da, daß ihr Vater schnell die Unterhaltung an sich riß und ihr über die Verlegenheit forthalf. Dabei sagte er sich mit einigem Unbehagen, daß es doch unklug von ihm gewesen war, seine Tochter so lange in der Obhut ihrer altjüngferlichen Tante zu lassen. Sie hätte in einer anderen Umgebung aufwachsen müssen, aber das war nun nicht mehr zu ändern.

Man saß noch ein halbes Stündchen in dem friedlichen Garten und schaute über den Bodensee. Das kleine Mädchen, dem Carla zu Hilfe gekommen war, kam mit seinem

Schwesterchen an den Tisch heran und reichte Carla ein Händchen voll Gänseblümchen, die es gepflückt hatte. Es hatte ein weißes Tuch um die verletzte Stirn gebunden und sah darunter hervor die junge Dame mit seinen großen blauen Augen an.

»Gute Tante Edith, will dir Blumen geben«, sagte es.

Carla nahm lächelnd die Blumen und dankte der Kleinen in einer so liebreichen, freundlichen Art, daß Heinz Salfner dachte: Es muß nicht schwer sein, mit ihr eine Ehe zu führen. Sie ist lieb und gut und wird einmal eine gute Mutter werden. Mit bösen Launen wird sie mich gewiß nicht quälen.

Am Nachmittag unternahm Fritz Rottmann mit den Damen und Heinz Salfner eine Wagenfahrt durch Konstanz und in die nächste Umgebung. Am Abend speisten sie dann wieder zusammen im Speisesaal. Jetzt war dort eine abendlich-elegante Gesellschaft versammelt, und es wurde auch konzertiert.

Carla war ein ganz klein wenig sicherer, als sie am Abend den Speisesaal betrat, und Heinz Salfner geleitete sie mit so ritterlicher Fürsorge an ihren Platz, daß ein traumhaft glückliches Empfinden in ihr war. Ihr schien die Welt heute in einem ganz anderen, rosigeren Lichte. Zum ersten Mal freute sie sich von Herzen ihres jungen Lebens. Auch der Vater war lieb und gut zu ihr, als wolle er ihr mancherlei abbitten.

Sie trug ein schlichtes, schwarzes Abendkleid von weicher Seide, das mit einer königsblauen Seidenschärpe um die Hüfte zusammengehalten wurde. Ein breiter Matrosenkragen von gleicher Farbe ließ den schönen, schlanken Hals frei. In diesem Kleid kam ihre jugendschöne, schlanke Gestalt besser zur Geltung, gerade weil es in ganz schlichten Falten an ihr herabfiel. Ihre Wangen hatten sich während der Wagenfahrt zart gerötet, und man sah jetzt erst, wie rein und blütenfrisch ihr Teint war. Sie sah entschieden vorteilhafter aus als am Tage. Heinz Salfner fand mehr und mehr Gefallen an ihr. Wenn er auch weit davon entfernt war, sich in sie zu verlieben, so hatte doch der Gedanke an eine Verbindung mit ihr alle Schrecken verloren.

Er widmete sich ihr mit der ganzen liebenswerten Ritterlichkeit seines Wesens und verstand es, sie etwas zutraulicher zu machen.

So verging der Abend ohne Mißklang.

Carla saß, als man sich getrennt hatte, in ihrem Zimmer noch lange am offenen Fenster und schaute mit großen, glänzenden Augen in die Nacht hinaus. Ihr Herz klopfte unruhig und erregt. Der Gedanke an den Vater, der sie bisher beherrscht hatte, war etwas in den Hintergrund getreten. Sie mußte zuviel an Heinz Salfner denken. Er hatte ihr junges Herz im Sturm erobert, noch ehe er sich so recht damit befaßt hatte, es zu tun.

Sie dachte jetzt kaum noch daran, wie sie sich in Zukunft mit dem Vater stellen würde. Alles in ihr drehte sich nur darum, wie sie in der Heimat mit Heinz Salfner stehen würde.

Daß sie ihn täglich sehen würde, hatte ihr der Vater gesagt.

»Große Gesellschaften geben wir nicht, bevor du dich nicht völlig eingelebt hast. In der Hauptsache wirst du im Anfang Herrn Salfner die Honneurs des Hauses machen müssen. Ich habe auch außerhalb des Geschäftes täglich mit ihm zu tun, und er wird uns oft des Abends Gesellschaft leisten«, hatte der Vater gesagt.

Sie wußte nicht mehr, was sie darauf erwidert hatte, wußte nur, daß Heinz Salfner sie groß und forschend angesehen hatte. Jedenfalls war ihre Angst vor der Rückkehr ins Vaterhaus verflogen, da Heinz Salfner ihr gesagt hatte, er werde sich freuen, wenn er ihr ein wenig helfen dürfe, sich wieder daheim einzuleben. Sie fühlte nur noch eine heimliche, unbeschreibliche Freude, daß sie mit Heinz Salfner zusammen heimkehren durfte.

Seine ritterliche Art hatte sich ihr ins Herz geschmeichelt, obwohl er noch keine Anstrengung gemacht hatte, ihr zu gefallen. Es war ihm nicht gegeben, den Seladon zu spielen, aber Carla war auch keineswegs verwöhnt. Jedenfalls war es ihm ein leichtes, ihr Vertrauen zu gewinnen. Und so war sie ganz angefüllt mit den Gedanken an ihn. Wie ein stilles Gebet stieg es aus ihrem Herzen empor, daß Heinz Salfner ihr Freund werden möge. Nur ihr Freund; weiter verstiegen sich ihre Wünsche vorläufig nicht.

Inzwischen saß Heinz Salfner mit Fritz Rottmann noch unten im Restaurant bei einer Flasche Wein. Die beiden Herren hatten erst eine ganze Weile stumm einander gegenübergesessen. Fritz Rottmann spielte nervös mit seinem Weinglas, das er langsam um die eigene Achse drehte. Endlich ertrug er das Schweigen nicht länger.

»Nun, lieber Salfner, wollen Sie mir nicht sagen, wie Ihnen meine Tochter gefällt?«

Heinz Salfner fuhr auf und sah ihn dann aufatmend an.

»Verzeihen Sie, Herr Rottmann, wenn ich so schweigsam war. Mir ging so viel durch den Kopf, und ich beschäftigte mich ausschließlich in meinen Gedanken mit Ihrem Fräulein Tochter. Ich kann mir natürlich in der kurzen Zeit kein abschließendes Urteil bilden, aber sie scheint ein sehr liebes, gütiges Geschöpf zu sein. Das sah ich aus ihrem Verhalten dem Kind gegenüber. Auch sonst hat sie einen sehr sympathischen Eindruck auf mich gemacht. Sie ist allerdings sehr still und zurückhaltend, aber das ist verständlich. Ich glaube, wenn man ihr Vertrauen gewinnen kann, ist es sehr leicht, mit ihr zu leben.«

Der alte Herr atmete auf. »Also Sie stehen meinem Wunsch, nachdem Sie meine Tochter gesehen haben, nicht ablehnend gegenüber?«

»Nein, ganz gewiß nicht. Im Gegenteil, ich würde mich

glücklich schätzen, wenn es mir gelingen würde, Fräulein Carlas Zuneigung zu gewinnen.«

Rottmann faßte über den Tisch seine Hand. »Das freut mich, freut mich unsagbar, lieber Salfner.«

Dieser sah dem von ihm so hochverehrten Mann mit einem bewegten Ausdruck in die Augen. »Natürlich muß ich erst abwarten, ob Ihr Fräulein Tochter meiner Werbung nicht ablehnend gegenübersteht. Denn das eine muß ich Ihnen sagen, Herr Rottmann: ich kann nicht Gefühle heucheln, die ich nicht empfinde. Wenn mir Ihr Fräulein Tochter auch sympathisch ist, so ist damit nicht gesagt, daß ich eine leidenschaftliche Liebe für sie empfinden kann. Sie hat aber das Recht, von einem Bewerber zu fordern, daß er sie liebt.«

Rottmann wehrte nervös ab. »Mein Gott, es werden doch eine Menge Ehen geschlossen, wo auf einer oder auch auf beiden Seiten die Liebe fehlt.«

»Gewiß, ich will damit nur sagen, Herr Rottmann, daß ich die junge Dame nicht belügen und ihr nicht Gefühle heucheln kann.«

»Sollen Sie auch nicht. Sie werden doch die richtigen Worte finden bei einer Werbung, die ein so junges, unerfahrenes Ding auch ohne Lüge zufriedenstellen. Das kann doch nicht schwer sein.«

»Nein. Aber Ihnen muß ich es sagen, Sie müssen wissen, wie ich in Wahrheit im Herzen zu der jungen Dame stehe. Sie möchte ich noch weniger belügen. Wenn Sie damit einverstanden sind, daß ich ohne wärmere Gefühle als einer herzlichen Sympathie mich um Ihr Fräulein Tochter bewerbe, so will ich es tun. Aber ich sage Ihnen ganz offen, es liegt mir dabei vorläufig viel mehr daran, Ihnen näher verbunden zu sein, Ihren Wunsch zu erfüllen, als daran, der Gatte Ihres Fräulein Tochter zu werden.

Selbstverständlich werde ich, falls ich das Jawort der jungen Dame erhalten sollte, dafür einstehen, daß sie sich nie über mich zu beklagen haben wird. Ich würde ihr alle erdenklichen Rücksichten angedeihen lassen, sie beschützen und behüten, wie jeder rechte Mann seine Frau behüten muß. Ich werde mich auch bemühen, ihr im Herzen immer näherzukommen, aber die Liebe ist ein eigenes Ding und läßt sich nicht zwingen. Sie sollen ganz klar sehen, Herr Rottmann, damit Sie mir eines Tages nicht den Vorwurf machen können, daß ich ein unehrliches Spiel getrieben habe.

Neben dem Wunsch, Ihnen näherzukommen und mich Ihnen dankbar zu beweisen, fällt auch für mich in die Waagschale, daß sich mir hier für alle Zeit eine gesicherte Existenz und eine liebgewordene Tätigkeit, die mich ganz auszufüllen imstande ist, bietet und daß ich auch für meine Mutter und Schwester etwas tun kann.

So würde dieser Bund, den Sie in edelster Absicht anstreben, von meiner Seite nicht ohne einen gewissen Egoismus geschlossen werden. Das sollen Sie wissen. Ich will mich Ihnen ganz zeigen, wie ich bin. Das halte ich für meine Pflicht.«

Rottmanns Augen leuchteten auf. »Ich weiß vielleicht besser als Sie selbst, wie Sie sind, und aus Ihren Worten klingt der ganze ehrliche Mensch heraus. Sie sind Ihres Vaters echter Sohn. Er war auch ein solcher Ehrlichkeitsfanatiker. Ihn kannte ich wie mich selbst, und Sie sind sein Ebenbild: ein ganzer, ehrlicher Kerl ohne Falsch und Heuchelei. Ich halte nur noch fester an meinem Wunsch, daß Sie mein Sohn werden. Sie sind ein guter Sohn und Bruder. Ich weiß, wie Sie an Mutter und Schwester hängen, und ich hoffe, daß Sie sich auch mir so fest im Herzen anschließen.«

»Das habe ich wirklich schon längst getan, Herr Rottmann. Ich verehre und liebe Sie, wie ich meinen Vater nicht mehr verehren und lieben konnte«, sagte Heinz Salfner warm.

Rottmann faßte wieder seine Hand. »Ich habe es gefühlt,

Salfner, und es hat mir wohlgetan und mich darüber getröstet, daß ich nicht selbst einen Sohn habe. Und meine Tochter? Nun, ich bin überzeugt, daß ihr Schicksal in Ihren Händen gut aufgehoben ist, auch wenn Sie kein Süßholz raspeln können. Wissen Sie, ich war nicht immer ein guter Vater für das Kind. Aber das mache ich wett, indem ich ihm einen Mann von Ihren Qualitäten aussuche. Einen besseren kann sie nicht finden.

So, und nun wollen wir einmal anstoßen und unser Glas leeren auf eine Zukunft voll inniger Familienzugehörigkeit, darauf, daß Ihre Ehe mit Carla eine harmonische wird und daß mir aus dieser Ehe ein männlicher Erbe geboren wird, der alle Vorzüge seines Vaters in sich vereinigt und die Firma Rottmann noch hochhält, wenn wir beide längst nicht mehr am Leben sind.«

Heinz Salfner sah in diesem Augenblick im Geist Carla Rottmann, wie sie sich heute liebreich zu dem kleinen Mädchen hinabgebeugt hatte.

Eine gute Mutter wird sie werden, dachte er wieder.

Und da ergriff er sein Glas und ließ es hell an das Rottmanns klingen. Die beiden Herren leerten ihre Gläser bis zum Grund.

Und dann erhoben sie sich und traten schweigend hinaus in den mondbeschienenen Garten. Hier blickten sie versonnen über den Bodensee, eine lange Weile. Dann trennten sie sich mit einem festen Händedruck.

Am Abend des nächsten Tages reiste Tante Gertrud nach Basel zurück, und am darauffolgenden Morgen traten Vater und Tochter in Begleitung Heinz Salfners die Heimreise an.

Von Tante Gertrud losgelöst, war Carla zunächst noch unsicherer und hilfloser, und in ihrem häßlichen Reisekleid sah sie durchaus nicht bezaubernd aus. Aber Heinz Salfner sah darüber hinweg und nahm sich ihrer in einer so selbstverständlich liebenswürdigen Weise an, daß sie wieder Mut schöpfte und ruhiger wurde. In ihrem Herzen war eine heiße Dankbarkeit für ihn erwacht. Ihr vereinsamtes Gemüt klammerte sich an ihn wie an ein Rettungstau, das sie vor dem Versinken in das Nichts bewahren sollte. Sie fühlte sehr wohl, daß er ihr ohne Aufhebens über unzählige Verlegenheiten forthalf, daß er zwischen ihr und dem Vater vermittelte, wenn sich eine neue Fremdheit zwischen ihnen auftun wollte, und daß er ihr viele kleine Annehmlichkeiten verschaffte.

Und so verlief die Reise ohne Zwischenfälle.

In Hamburg angekommen, verabschiedete sich Heinz Salfner gleich am Bahnhof von Vater und Tochter, um seine Wohnung aufzusuchen. Carla befiel plötzlich eine grenzenlose Bangigkeit. So liebenswürdig sich der Vater ihr auch auf der Reise gezeigt hatte, die Fremdheit stand doch gleich wieder trennend zwischen ihnen, als Heinz Salfners Vermittlung fehlte. In ihrer feinfühligen Art wurde ihr wieder bewußt, daß der Vater kein Herz für sie hatte und daß er sich nur mühte, ein Unrecht an ihr gutzumachen. Sein väterliches Empfinden für sie war eine sehr verkümmerte Pflanze, die sicher nie richtig gedeihen würde.

Aber sie nahm doch ihr Herz tapfer in beide Hände, biß die Zähne zusammen und beherrschte sich, wie sie es immer gewöhnt gewesen war.

Und endlich hielt der Wagen, der sie am Bahnhof abgeholt hatte, vor der vornehmen Villa, die ihr Vaterhaus war.

Als sie das stille weiße Haus in dem blühenden großen Garten liegen sah, überfiel es sie wie ein Krampf. Sie gedachte des Tages, da man ihre tote Mutter durch das hohe Portal dieses Hauses hinausgetragen hatte, gedachte der bitteren Not, in der die Mutter sie zurückgelassen hatte, und es kam ihr in diesem Augenblick überwältigend zum Bewußtsein, wie allein und verlassen sie zurückgeblieben war, wie schmerzlich sie seitdem gedarbt hatte an Liebe.

Tränen drängten sich in ihre Augen und verdunkelten ihren Blick. Sie mußte alle Kraft zusammennehmen, um nicht laut aufzuweinen. Der unbehaglich erstaunte Blick ihres Vaters, der verständnislos ihrer Ergriffenheit gegenüberstand, gab ihr schnell ihre Selbstbeherrschung zurück. Sie richtete sich auf und ging ruhig und gefaßt an seiner Seite über die Schwelle ihres Vaterhauses.

Die Dienerschaft stand im Vestibül, um die Herrschaft zu erwarten. Im Vordergrund hielt sich die alte Haushälterin, die seit dem Tod der Hausfrau die Zügel des Hauswesens in Händen hielt.

Alles in allem war das Haus Fritz Rottmanns beinahe ein Junggesellenheim geworden. Er war gewöhnt, keinerlei Rücksicht zu nehmen. Die Haushälterin war eine untergeordnete Person, die dafür bezahlt wurde, daß sie sein Haus nach seinen Wünschen in Ordnung hielt, die Dienerschaft beaufsichtigte und immer bereit sein mußte, etwaige Extrawünsche ihres Herrn sofort zu erfüllen, sei es, daß er unerwartet Gäste mitbrachte oder zu den ungewöhnlichsten Zeiten eine Mahlzeit wünschte.

Jetzt, das fiel ihm einigermaßen beklemmend auf die Seele, würde er allerlei Rücksichten auf seine Tochter nehmen müssen, die als Dame des Hause respektiert werden mußte.

Schon vor seiner Abreise hatte er Anweisung gegeben, daß die Zimmer der verstorbenen Hausfrau für seine Tochter in Ordnung gebracht würden. Er fragte nun in seiner kurzen, herrischen Art, ob das geschehen sei. Die Haushälterin bejahte.

»Gut, so führen Sie meine Tochter auf ihre Zimmer, und sorgen Sie dafür, daß ihre Wünsche genauso respektiert werden wie die meinen«, sagte er.

Die Haushälterin verneigte sich. »Das soll geschehen, Herr Rottmann.«

»In einer Stunde wollen wir speisen. Es ist dir doch recht, Carla?«

Carla hatte sich umgesehen; es war noch alles unverändert. Hier schien die Zeit, die ihr so endlos lang gewesen war, stillgestanden zu sein.

»Gewiß, Vater, ich werde bereit sein«, erwiderte sie nun schnell.

»So geh jetzt auf deine Zimmer, daß du dich umkleiden und erfrischen kannst. Frau Riemann wird dich hinaufbegleiten, und wenn du irgendwelche Wünsche hast, sage es ihr. In einer Stunde erwarte ich dich dann im Speisezimmer. Ich habe noch einige wichtige Telefongespräche zu erledigen, aber wir werden dann zusammen speisen und dabei besprechen, wie du dir jetzt deine Tage einrichtest.«

Carla zwang ein verlorenes Lächeln in ihr Gesicht. »Es ist gut, Vater.«

Er küßte sie auf die Stirn, und sie eilte die Treppe empor. Frau Riemann konnte ihr kaum folgen. Carla war von dem heißen Wunsch beseelt, allein zu sein und ihre Gefühle in sich ausklingen zu lassen. Zuviel stürmte auf sie ein mit den Erinnerungen an eine Zeit, da sie die Liebe ihrer Mutter besessen hatte.

Sie verabschiedete Frau Riemann schnell an der Tür zu ihren Zimmern. Sogleich erkannte sie, daß es die Zimmer ihrer Mutter waren, die der Vater für sie bestimmt hatte. Das überwältigte sie wieder. Sie winkte der Haushälterin stumm ab und trat ein.

Mit einem brennenden Blick sah sie sich um, als sie allein war, und erkannte, daß hier alles so geblieben war wie bei Lebzeiten ihrer Mutter. Ein krampfhaftes Schluchzen schüttelte sie, und heiße Tränen stürzten aus ihren Augen. Sie war daheim — endlich daheim!

Tausend Erinnerungen wurden in ihr wach und stürmten auf sie ein. Sie wurde wachgerüttelt aus der dumpfen Stumpfheit der letzten Jahre, die sie in der Fremde verlebt hatte. Und völlig aufgelöst in stürmenden Empfindungen, sank sie auf den Diwan, ihr Haupt in einem Kissen bergend, auf dem das Haupt der Mutter so oft geruht hatte. Sie hatte ihre Fassung noch nicht wieder ganz zurückgewonnen, als es an ihrer Tür klopfte. Hastig erhob sie sich, trocknete ihre Tränen und rief zum Eintritt. Ein nettes Zimmermädchen mit weißer Schürze und weißem Häubchen trat ein und reichte ihr auf silbernem Tablett ein Schlüsselbund.

»Der gnädige Herr läßt dem gnädigen Fräulein sagen, daß dies die Schlüssel zu den Möbeln in diesen Zimmern seien.«

Carla nahm die Schlüssel und winkte dem Mädchen freundlich zu.

»Haben gnädiges Fräulein sonst noch Befehle?«

»Später, wenn meine Koffer kommen, können Sie mir beim Auspacken helfen. Jetzt bedarf ich Ihrer nicht.«

Das Mädchen entfernte sich.

Als Carla wieder allein war, schloß sie den Schreibtisch ihrer Mutter auf. Da fand sie in einem Fach allerlei Sächelchen, die von der Mutter verwahrt worden waren. Da waren Carlas erste Schuhchen, eine ziemlich zerschundene kleine Puppe, die Carla am meisten geliebt hatte, trotz ihrer Häßlichkeit, dann ein undefinierbares Etwas aus bunter Wolle — Carla erkannte es als ihre erste, mühselige Handarbeit, die sie als Geburtstagsgeschenk für ihre Mutter angefertigt hatte. Sie war gründlich mißlungen, aber die Mutter hatte sich so sehr darüber gefreut und sie verwahrt wie etwas Kostbares, weil sie wußte, daß viel Liebe mit den ungeschickten Kinderhänden in dies greuliche kleine Machwerk hineingestrickt worden war. Auch einige kleine Briefe waren von der Mutter aufbewahrt worden, unbeholfene zärtliche Ergüsse ihres kleinen Töchterchens, die ihr Carla geschrieben hatte, als die Mutter mit dem Vater auf Reisen war. Carla war zumute, als sie diese kleinen Andenken betrachtete, als streichle die Mutterhand sanft über ihre erhitzte Stirn. Sie ließ das Haupt auf ihre Hände sinken und schloß die Augen.

»Mutter — liebe Mutter, du bist bei mir, ich fühle es. Hilf

du mir, mich zurechtzufinden in dieser alten und doch so neuen Welt, hilf du mir, daß ich in der Heimat wieder Wurzeln schlage und daß Vater mit mir zufrieden ist. Und hilf mir, daß Heinz Salfner mein Freund wird, mein guter, lieber Freund, zu dem ich mich flüchten kann in der Einsamkeit meines Herzens. Ich glaube, er ist sehr, sehr gut, und — ich bin ihm gut, so von Herzen gut, Mutter.«

Wie ein Gebet stieg das aus ihrem Herzen empor.

Aber dann schreckte sie empor. Eine Tür war draußen ins Schloß gefallen. Das rief sie in die Wirklichkeit zurück. Sie besann sich, daß sie sich umkleiden müsse. Es war schon höchste Zeit, und der Vater gab viel auf ein sorgfältig gepflegtes Äußeres. Das wußte sie nun schon. Und sie wollte sich Mühe geben, so gut wie möglich auszusehen.

Das schwarze Abendkleid mit der königsblauen Schärpe war das einzige ihrer Kleider, das ihm nicht gar zu sehr mißfallen hatte. Das wollte sie anlegen zu der ersten Mahlzeit im Vaterhaus. Schnell entnahm sie es ihrem Handgepäck und betrachtete es mit kritischen Blicken.

Der Vater hatte ihr gesagt, daß sie sich in Hamburg verschiedene neue Kleider anschaffen müsse, ihre Kleider seien alle nicht geschmackvoll, sie müsse sich in Zukunft von dem altjüngferlichen Geschmack Tante Gertruds freimachen und sich an den jungen Damen der guten Gesellschaft ein Vorbild nehmen. Die nötigen Mittel werde er ihr gern zur Verfügung stellen. Sie hatte ihm erwidert, daß sie sehr wohl selbst gemerkt habe, daß sie sich jetzt anders kleiden müsse. Sie habe nur Tante Gertrud mit der Ablehnung ihres Geschmacks nicht kränken wollen.

Nun warf sie also das schwarze Abendkleidchen über und stellte sich vor den hohen Spiegel ihres Ankleidezimmers. Unzufrieden sah sie sich an. Unterwegs hatte sie andere Frauen und Mädchen studiert und ihnen abgesehen, wie sie sich kleideten und frisierten. Sie hatte ja kluge, helle

Augen im Kopfe und konnte jetzt, da sie Wert darauf legte, sehr wohl erkennen, woran es ihr fehlte.

Und wenn sie sich neue Kleider kaufte, wollte sie darauf achten, was sie gut kleidete. Ihre Person hatte plötzlich für sie selbst Interesse bekommen. Von ihren Kleidern, die sie besaß, konnte sie manches vorteilhaft abändern lassen, damit sie nicht lauter neue Kleider brauchte. Jedenfalls sollte der Vater sehen, daß sie seinen Wünschen nachkam.

Sie eilte bald darauf in das Speisezimmer, wo der Vater sie bereits erwartete.

Mitten in diesem Speisezimmer, das in flämischem Barock gehalten war und in dem die schweren Eichenmöbel fest und bodenständig auf ihren Plätzen standen, war ein großer runder Tisch für zwei Personen gedeckt. Der Reichtum des alten Patriziergeschlechtes, dem Rottmann entstammte, zeigte sich in dem schweren Silbergerät, das auf Büfett und Anrichten stand und auch die Tafel schmückte. Wundervolles Kristall glitzerte auf weißem Damastgedeck, und kostbares altes Porzellan hob sich in zarten Farben davon ab.

Vater und Tochter ließen sich an dieser Tafel nieder, in dem großen, weiten Raum, nachdem Carla ihrem Vater die Hand gereicht und ihm gedankt hatte, daß er ihr die Zimmer der Mutter angewiesen hatte.

»Ich glaubte, du würdest sie am liebsten bewohnen wollen«, hatte er erwidert. Sie speisten nun zusammen. Das tadellos servierte Mahl war vorzüglich zubereitet. Während der Mahlzeit besprachen sie allerlei, aber gleich, nachdem sie beendet war, verabschiedete sich der Vater.

»Ich muß dich jetzt allein lassen, Carla, da ich noch Geschäfte zu erledigen habe. Viel Zeit werde ich leider nicht für dich haben, und damit du dich nicht so einsam fühlst, habe ich Herrn Salfner gebeten, daß er dich mit seiner Mutter und Schwester bekannt macht. Die beiden Damen wohnen nicht weit entfernt von uns, und sie werden dir sehr gefallen. Es sind sehr feinsinnige, liebenswürdige Damen. Du kannst ihnen vielleicht gleich morgen einen Besuch machen. Herr Salfner wird dich gern zu ihnen führen«, sagte er.

Carla sah lebhaft auf. »Herr Salfner sprach zwar von seiner Mutter und Schwester, aber ich glaubte nicht, daß sie in Hamburg wohnen.«

»Sie haben immer hier gewohnt. Allerdings leben sie jetzt in bescheidenen Verhältnissen, sind aber trotzdem vornehme Damen geblieben. So etwas verwischt sich nicht. Frau Major Salfner bezieht eine kleine Pension, ist aber sonst auf die Beihilfe ihres Sohnes angewiesen. Ihre sehr liebenswürdige Tochter benutzt ihr reiches Sprachtalent, um Übersetzungen aller Art zu machen, und weiß dadurch etwas zu verdienen. Du wirst an ihrer Munterkeit Gefallen finden. Langeweile läßt Käte Salfner in ihrer Gesellschaft nicht aufkommen. Es ist mir lieb, daß du vorläufig an diesen beiden Damen einen passenden Umgang haben wirst, bis du in die Gesellschaft eingeführt bist, was auch bald geschehen soll.«

Carla atmete tief auf. »Es ist sehr freundlich von Herrn Salfner, daß er mich seiner Mutter und Schwester zuführen will.«

Der Vater sah sie forschend an. »Nun, du mußt doch schon gemerkt haben, daß Heinz Salfner dir gern jeden Gefallen tut. Wie gefällt er dir eigentlich?«

Sie wurde dunkelrot, was den Vater sehr befriedigte. »Er ist anscheinend ein sehr guter, vornehm empfindender Mensch, zu dem man Vertrauen haben kann«, sagte sie mit etwas unsicherer Stimme.

Der Vater nickte energisch. »Das kann man unbedingt, Carla. Ich rate dir, dich gut mit ihm zu stellen, er ist es wert. Ich halte große Stücke auf ihn. Im Geschäft ist er meine rechte Hand, und er hat jetzt wieder, während ich auf Reisen war, der Firma und mir große Dienste geleistet. Ich bin ihm sehr verpflichtet und wünsche, daß du ihn stets mit Auszeichnung hier im Haus empfängst.«

»Das will ich gern tun, Vater. Er hat mir nichts davon gesagt, daß du ihm verpflichtet bist, aber er hat mir viel davon erzählt, wie sehr er dir zu Dank verpflichtet ist.«

»Ja, ja, das ist seine Art. Was ich für ihn getan habe, kann er nicht genug aufbauschen, aber was er für mich tut, gilt ihm nichts. Aber mir desto mehr.«

»Das ist ein vornehmer Zug — von euch beiden.«

»Wir schätzen einander auch sehr hoch. Und ich würde mich freuen, wenn du ihn ebenso hochschätzen lernst, wie ich es tue. Du wirst genug Gelegenheit haben, ihn kennenzulernen. Wir werden jetzt auch seine Mutter und seine Schwester oft bei uns sehen, damit du Gesellschaft hast.«

Carlas Augen glänzten verräterisch. »Ich werde ganz gewiß freundlich zu ihm und seinen Angehörigen sein, denn er ist ja auch sehr liebenswürdig mir gegenüber. Und ich hoffe, daß mir seine Angehörigen ebenso gut gefallen wie er.«

Rottmann war sehr zufrieden. Er streichelte lächelnd ihre Wange. »Davon bin ich überzeugt.«

Und ihr zunickend, entfernte er sich, um seinen Geschäften nachzugehen. Carla machte eine kleine Promenade durch den Garten und suchte dann ihre Zimmer wieder auf.

III

Frau Major Salfner saß mit ihrer Tochter Käte in dem kleinen, behaglich eingerichteten Wohnzimmer, dessen Fenster auf einen hübschen Vorgarten hinaus lagen.

Die beiden Damen bewohnten, seit Major Salfner im Krieg gefallen war, eine aus drei kleinen Zimmern bestehende Wohnung, zu der noch eine ebenso kleine Küche gehörte. Sie hatten sich in der schweren Nachkriegszeit allerlei Entbehrungen auferlegen müssen, aber sie hatten es ohne zu klagen getan.

Seit Heinz Salfner eine so gut bezahlte Stellung im Haus Rottmanns hatte, ging es ihnen besser als zuvor. Er half ihnen in jeder Weise. Und auch Käte Salfner tat das Ihre, um dem Leben kleine Annehmlichkeiten abzuringen.

Käte legte soeben die Feder nieder, mit der sie eifrig geschrieben hatte, während die Mutter an einer kunstvollen Stickerei arbeitete.

»So, Muttchen, ich hab's geschafft! Nun bin ich fertig mit meinem Pensum und kann in Ruhe Heinz und Fräulein Rottmann erwarten. Sie müssen wohl gleich kommen.«

Frau Major Salfner sah auf die Uhr. »Ja, Käte, um zwölf Uhr wollte uns Heinz die junge Dame bringen, und er ist immer pünktlich. Hoffentlich gefällt dir Fräulein Rottmann. Heinz scheint viel daran gelegen zu sein, daß ihr gut zusammenstimmt.«

Käte lachte. »Ach, Muttchen, mir scheint, ihm liegt viel mehr daran, daß sie dir gefällt. Weißt du, was mein kleiner Finger mir verraten hat?«

»Nun?«

»Daß sich da etwas anspinnt zwischen Heinz und Fräulein Carla Rottmann.«

Überrascht sah die Majorin auf. »Aber, Käte, dein kleiner Finger ist ja immer ein voreiliges Ding, aber diesmal scheint er sich noch übertroffen zu haben.«

»Schadet nichts, Muttchen, er ist im ganzen doch ein sehr guter Prophet.«

»Wie kommst du nur darauf?«

Wieder lachte Käte. »Hast du denn nicht bemerkt, wie verlegen Heinz war, als er uns von Fräulein Rottmann erzählte und ihren Besuch anmeldete? Und Verlegenheit und Unsicherheit liegt doch sonst nicht in seinem Wesen. Und außerdem: wie kommt Fräulein Carla Rottmann, die Tochter eines der reichsten Hamburger Handelsherren, dazu, zwei so gänzlich unbedeutende und unwichtige Frauen, wie wir es sind, mit ihrem Besuch zu beehren?«

»Das hat uns Heinz doch zur Genüge erklärt: weil sie hier noch fremd ist in der Hamburger Gesellschaft und noch keinen anderen Verkehr hat. Deshalb sollen wir uns ihrer annehmen.«

»Ja doch, Muttchen, das werden wir auch gern tun. Hoffentlich ist sie nett und macht es uns nicht schwer. Aber mit dieser Erklärung ist mein eigensinniger kleiner Finger durchaus nicht zufrieden, er wittert allerlei interessante Verwicklungen.«

»Du bist ein Närrchen, Käte, und dein kleiner Finger auch. Ich finde gar nichts Auffallendes in diesem Besuch der jungen Dame und habe Heinz auch durchaus nichts Besonderes angemerkt. Wenn du annimmst, daß er sich in Fräulein Rottmann verliebt haben könnte, dann bist du auf dem Holzweg. Das hätte ich doch zuerst gefühlt und gemerkt.«

Käte hatte sich erhoben und packte ihr Schreibzeug zusammen. »Ich behaupte ja nicht, daß Heinz sich verliebt hat. Ich sage nur, daß ich das Empfinden habe, als wolle sich da etwas anspinnen. Schließlich braucht das doch nicht von Heinz auszugehen.«

»Du meinst — Fräulein Rottmann?«

»Ich meine noch gar nichts, Muttchen, nur mein vorwitziger kleiner Finger.«

Die alte Dame seufzte. »Ach, Käte, ein so großes Glück gibt es doch nicht für uns.«

»Abwarten, Muttchen! Ich bin alle Tage auf ein ganz riesengroßes Glück gefaßt. Es wird mich nicht umwerfen. Und wir könnten es doch recht gut brauchen, nicht wahr?«

»Wir dürfen nicht klagen, Kind. Die Zeiten sind freilich furchtbar schwer, aber wir sind doch noch immer satt geworden, nicht wahr?«

Käte umarmte die Mutter herzlich. »Ich beklage mich

auch nicht, Muttchen, aber es würde mir nicht einfallen, mich zu wehren, wenn uns plötzlich ein großes Glück über den Weg liefe. Fest würde ich es beim Schlafittchen packen und nicht mehr auslassen. Und wenn unser Heinz eine so glänzende Partie machen würde, das wäre doch auch für uns ein großes Glück.«

»Ganz gewiß, vorausgesetzt, daß sein Herz dabei nicht zu kurz kommen würde.«

»Aber, Muttchen, die Männer sind doch nicht so sentimental wie wir Frauen. Im Leben der Männer ist die Liebe nur Episode.«

Die alte Dame lächelte. »Diese Weisheit hast du wohl aus irgendeinem Roman? Oder hast du schon soviel Erfahrung in solchen Dingen?«

Nun lachten sie beide. »Dazu braucht man keine großen Erfahrungen, das fliegt einem so zu, wenn man mit offenen Augen ins Leben sieht. Und sieh mal, heutzutage kann doch ein Mann nicht daraufhin heiraten, daß er sich in eine Frau verliebt. Er muß vor allen Dingen darauf sehen, daß ihm die Gründung einer Familie keine pekuniären Schwierigkeiten macht.«

»Arme Käte, dann würdest du wohl nie einen Mann finden«, seufzte die alte Dame.

Käte zuckte in heiterer Resignation die Achseln. »Werde ich wahrscheinlich auch nicht, wenn mir nicht unversehens ein sehr Reicher über den Weg läuft, der durchaus nicht ohne mich leben kann.«

»Wenn er dir nicht gefiele, würdest du den auch nicht heiraten.« Die Mutter sagte es ernst. Käte sah plötzlich mit einem träumerisch versonnenen Blick ins Leere.

»Ja, gefallen müßte er mir, liebhaben müßt' ich ihn, daß ich ohne ihn am liebsten nicht leben möchte.«

»Meine arme kleine Käte, solch einen sehr Reichen gibt es wahrscheinlich nicht.«

Käte trat ans Fenster und sah mit großen Augen hinaus.

›Ich wüßt' schon einen — aber der denkt nicht daran, mich zu heiraten, weil er mich nicht liebt‹, dachte sie in Gedanken verloren. Aber dann machte sie eine Bewegung, als würfe sie etwas Schweres von sich. Und nun sah sie unten einen Wagen vorfahren.

»Sie kommen, Muttchen!« rief sie lebhaft. Die alte Dame erhob sich und trat neben sie, ihren Arm um ihre Taille legend. Verstohlen sahen sie auf das elegante Auto hinab, aus dem Heinz Salfner soeben Carla Rottmann heraushalf.

Die beiden Damen zupften nun schnell noch ordnend an ihrem Anzug herum und öffneten die Tür zu dem kleinen Empfangszimmerchen. Dort erwartete die alte Dame ihren Sohn und seine Begleiterin, während Käte, als jetzt die Türklingel ertönte, hinauslief, um zu öffnen. Eine Dienerin konnten sich die beiden Damen nicht halten. Auf dem engen Korridor fand die erste Begrüßung zwischen Carla und Käte statt. Heinz Salfner stellte vor.

»Fräulein Rottmann ist sehr bange, Käte, daß sie euch ungelegen kommt. Das mußt du ihr ausreden«, sagte er scherzend, um Carlas Befangenheit zu verscheuchen.

Sie hatte ihm ziemlich verzagt im Wagen gegenübergesessen und immer wieder gefragt, ob sie den Damen auch sicher nicht ungelegen kommen werde.

Käte lachte. »Oh, wenn Sie wüßten, gnädiges Fräulein, wie vergnügt wir sind, wenn sich einmal ein Besuch in unsere stille Klause verirrt, dann würden Sie nicht glauben, daß Sie uns ungelegen kommen. Für uns ist jeder Besuch eine festliche Angelegenheit.«

Damit reichte sie Carla freimütig die Hand, die diese mit warmem Druck ergriff.

»Es ist sehr freundlich von Ihnen, daß Sie mir das sagen.«

»Aber nun kommen Sie herein zu Muttchen, die Sie schon erwartet.«

Damit öffnete Käte die Tür zu dem kleinen Empfangszimmer und ließ Carla eintreten.

Die Majorin begrüßte die junge Dame in ihrer vornehmen, ruhigen Art und verstand es sofort, sie für sich einzunehmen. Sie war, wie Käte, einigermaßen überrascht von der durchaus nicht glänzenden Erscheinung der jungen Dame, die so gar nicht den Eindruck einer reichen Erbin machte. Über Carla aber kam ein wohliges Gefühl diesen beiden Frauen gegenüber, die so stolz und ruhig ihr schweres Schicksal trugen. Mutter und Tochter gefielen ihr gleich gut.

Kätes Munterkeit nahm ihr schnell alles Zagen aus der Seele, und die gütige Art der alten Dame machte ihr das Herz warm.

Sie brachte es ohne Stocken fertig, die beiden Damen zu bitten, ihr ein wenig behilflich zu sein, sich in der Heimat wieder zurechtzufinden. Und Heinz Salfner unterstützte sie.

»Herr Rottmann läßt dich bitten, liebe Mutter, das gnädige Fräulein zu begleiten, wenn sie Einkäufe macht zur Vervollständigung ihrer Garderobe. Auch Käte kann sich vielleicht anschließen, wenn sie Zeit hat. Fräulein Rottmann kennt die einschlägigen Geschäfte noch nicht, und du würdest Herrn Rottmann einen Gefallen tun, wenn du die junge Dame ein wenig begleiten wolltest«, sagte er im Laufe des Gespräches.

»Wenn Sie so liebenswürdig sein wollten, Frau Major, mir ein wenig mit Rat und Tat zur Seite zu stehen, wäre ich Ihnen sehr dankbar«, fügte Carla hinzu.

Die Majorin und ihre Tochter erklärten sich sofort bereit.

»Das werden wieder Feste für uns, gnädiges Fräulein«, sagte Käte vergnügt, »ich kaufe für mein Leben gern ein.«

Carla dankte herzlich. Sie gab sich von Minute zu Minute freier und ungezwungener. Und als sie sich nach einer Viertelstunde verabschiedete, bat sie die beiden Damen, sie am nächsten Tage zur Teestunde zu besuchen.

Diese sagten gern zu, und nachdem sich auch Heinz von Mutter und Schwester verabschiedet hatte, entfernte sich

Carla mit ihm. Er begleitete sie nach Hause, wo er von Fritz Rottmann zu einer geschäftlichen Konferenz erwartet wurde.

Als Mutter und Tochter wieder allein waren, sagte Käte erstaunt: »Hast du schon einmal eine so reiche Erbin in so bescheidener Aufmachung gesehen, Muttchen?«

Die alte Dame schüttelte den Kopf. »Nein, von einer stolzen, reichen Erbin hat sie nichts an sich. Sie macht eher den Eindruck, als müßte man sie von Herzen bemitleiden.«

»Allerdings! Sehr glücklich sah sie nicht aus. Auch scheint sie sehr wenig Talent zu haben, sich zur Geltung zu bringen. Aber liebe, gute Augen hat sie, und wenn sie nur ein wenig geschickter angezogen wäre, könnte sie eine ganz hübsche Erscheinung sein. Man scheint sich nicht viel Mühe mit ihr gegeben zu haben.«

Die Majorin sah wohlgefällig auf ihr reizendes Töchterchen. Wenn Käte auch nur schlicht und einfach gekleidet war, so sah sie doch viel hübscher aus als die reiche Erbin.

»Heinz sagte mir, sie sei all die Jahre im Haus ihrer altjüngferlichen Tante gewesen.«

»So sieht sie aus, Muttchen. Sie hat in ihrem ganzen Äußeren etwas Zurückgebliebenes. Man muß sich dieser armen reichen Erbin ein wenig annehmen. Gut, daß sie dich als Ratgeberin in Toilettenangelegenheiten anzusehen scheint. Du wirst ihr schon das Hübscheste aussuchen helfen, denn du hast einen auserlesenen Geschmack, Muttchen. Und auf den Groschen braucht bei ihr nicht gesehen zu werden.«

»Und was sagt nun nach diesem Besuch dein kleiner Finger?« fragte die Mutter scherzend, Käte mit einem feinen, humoristischen Lächeln ansehend.

Käte hielt den kleinen Finger ihrer rechten Hand mit drolliger Gebärde empor und schnippte mit der linken Hand dagegen.

»Er sagt, daß er sich nicht geirrt hat. Hast du nicht

gemerkt, Muttchen, wie Fräulein Rottmann zu Heinz aufgesehen hat? Es lag ein so gläubiges Vertrauen in ihrem Blick, und noch etwas anderes, mein kleiner Finger ist sehr zuversichtlich.«

Die alte Dame atmete tief auf. »Wir wollen alles dem lieben Gott anheimstellen, Käte. Ich hätte nichts dagegen, wenn dein kleiner Finger recht behalten würde. Jedenfalls wollen wir das Vertrauen rechtfertigen, das sie in uns gesetzt hat. Sie scheint es sehr nötig zu haben, daß man sich ihrer ein wenig annimmt.«

Käte lachte. Dann sagte sie schmunzelnd:

»Muttchen, wie kommen wir uns vor? Wir nehmen eine reiche Erbin unter unsere Fittiche. Wir kaufen mit ihr ein. Sicher werden wir im Wagen an den Geschäften vorfahren, man wird uns die herrlichsten Sachen zur Auswahl vorlegen, und wir werden gar nicht erst nach den hohen Preisen fragen, die einem sonst gleich die gute Laune verderben. Das wird herrlich, Muttchen.«

Die Mutter streichelte lächelnd über Kätes blondes Haar. »Du machst aus allem ein Fest, meine Käte.«

IV

Wochen waren vergangen. Carla hatte sich leidlich eingewöhnt in die ihr so neuen, fremd gewordenen Verhältnisse. Wenn es ihr leichter geworden war, als sie gefürchtet hatte, so verdankte sie dies Heinz Salfner, seiner Mutter und seiner Schwester. Hauptsächlich die muntere Käte hatte ihr geholfen, sich zurechtzufinden, und half ihr immer noch. Dieses tapfere, lebensfrische Geschöpf faßte alle Dinge von der rechten Seite an, und von ihr ging ein belebender Strom auf Carla aus. Sie wußte auch ganz genau, wie Carla zu helfen war. Und ihr mußte unbedingt geholfen werden.

Mit scharfem, klarem Blick hatte sie sehr bald durchschaut, wie es um Carla stand. Vielleicht wußte sie besser als Carla selbst, daß diese ihren Bruder liebte, und auch, daß Heinz mit einer gewissen Absichtlichkeit Carlas Nähe suchte. Kätes Mutter wollte noch immer nicht glauben, daß zwischen ihrem Sohn und Fräulein Rottmann etwas spielte. Aber eines Tages, als Heinz seiner Mutter einen Besuch machte und sie, während Käte draußen in der Küche das Abendessen bereitete, allein waren, sagte er nach einem tiefen Atemholen: »Wie gefällt dir Fräulein Rottmann, Mutter?«

Die alte Dame sah ihn forschend an. »Das habe ich doch wohl gesagt, Heinz. Sie ist ein liebes, gutes Kind und jedenfalls wertvoller, als man bei oberflächlicher Bekanntschaft glaubt. Man muß sie erst gut kennen, ehe man sie richtig beurteilen kann, denn sie ist scheu und verschlossen, wie es einsame Menschen oft sind. Weshalb fragst du?«

»Aus einem ganz besonderen Grund, Mutter. Ich habe die Absicht, mich um Carla Rottmann zu bewerben.«

Die alte Dame erblaßte leicht vor innerer Erregung. »Heinz, ist das nicht ein vermessener Gedanke? Du und die einzige Tochter des reichen Handelsherrn?«

Er faßte ihre Hand. »Erschrick nur nicht und halte mich nicht für kühner, als ich bin. Ich bewerbe mich mit voller Zustimmung Fritz Rottmanns um seine Tochter.«

Die Mutter zuckte leise zusammen. »Er billigt es, daß du dich um sie bewerben willst?«

»Er billigt es nicht nur, sondern es geschieht auf seinen Wunsch, Mutter.«

Und Heinz erzählte seiner Mutter alles, was er in dieser Angelegenheit mit Fritz Rottmann besprochen hatte.

Dann sagte er aber fast wie beschwörend: »Das alles bleibt aber unter uns, Mutter, auch Käte möchte ich darüber nichts sagen, um ihre Unbefangenheit Carla gegenüber nicht zu stören. Auch ist dies Thema so delikat, daß ich es nur mit meiner Mutter besprechen kann.«

Eine Weile blieb es still. Eine seltsam schwere Stille war es, die über dem kleinen Raum lag. Endlich sagte die Mutter leise, den Kopf ihres Sohnes zwischen die Hände nehmend:

»Es wäre ein großes Glück für dich, Heinz, das verkenne ich nicht. Aber — du liebst Carla Rottmann nicht.«

Mit ernsten Augen sah er zu ihr auf. »Nein, nicht so, wie ich mir früher wohl ausgemalt habe, daß ich eine Frau lieben müsse, die ich an meine Seite stellen würde. Ich wäre nie auf den Gedanken gekommen, mich um sie zu bewerben, wenn ihr Vater mir nicht davon gesprochen hätte. Aber wie die Dinge liegen: heutzutage kann man sich nicht mehr den Luxus einer Liebesheirat gestatten. Als Junggeselle möchte ich jedoch meine Tage auch nicht beschließen. Ich stelle es mir sehr hübsch vor, ein behagliches Heim, eine gute, liebevolle Frau und gesunde Kinder zu haben. Daß Carla mich sehr gern hat und viel auf mich hält, ist bei ihrer Unerfahrenheit sehr leicht zu erkennen. Ich bin nicht anmaßend, aber doch überzeugt, daß ich mir keinen Korb holen werde, wenn ich um sie anhalte. Ihr Vater wünscht, daß ich das nicht lange hinauszögere. Unter uns, er scheint sich nach der langen Trennung nicht mit dem Gedanken befreunden zu können, daß er auf seine Tochter allerlei Rücksichten nehmen muß, und will sie jedenfalls baldigst verheiraten.«

»Das arme Kind!«

»Ja, Mutter, sie ist zu bedauern, weil sie keinen Menschen hat, der sie liebt. Ich meine immer, daß sie bei mir doch besser aufgehoben sein wird als bei ihrem Vater. So hoch er mir steht und so verehrungsvoll er in allen anderen Dingen ist, seiner Tochter kann er nicht gerecht werden. So werde ich bei der nächsten passenden Gelegenheit um Carlas Hand anhalten. Aber ehe ich das tue, liebe Mutter, wollte ich mit dir darüber sprechen. Du sollst nicht damit überrascht werden, denn in Gut und Böse bist du immer mein bester Freund, mein treuester Kamerad gewesen. Kannst du dich mit dem Gedanken vertraut machen, daß Carla Rottmann meine Frau wird?«

Die alte Dame faßte seine Hände. »Mein lieber Junge, Carla ist Käte und mir schon sehr lieb geworden. Und — unsere kluge Käte hat längst erkannt, daß Carla dich liebt und daß irgend etwas zwischen euch spielt. So kam mir dein Geständnis nicht ganz überraschend. Ich kann nur sagen, du wirst eine gute, wertvolle Frau an Carla haben, wenn auch durch ihre Erziehung viel an ihr gesündigt wurde und manches brachliegt, was erst langsam zum Blühen kommen wird. Und Käte sagte kürzlich, daß euch Männern die Liebe nur eine Episode ist. Damit hat sie wohl recht. Euer Leben ist durch so viel anderes ausgefüllt, zumal jetzt, in einer Zeit, wo ihr alle Kräfte im Lebenskampf regen müßt.

Wenn ich in dieser Angelegenheit einige Bedenken habe, so gelten sie nicht so sehr deinem Glück, sondern dem Carlas, mein Junge. Glaube mir, sie ist es wert, geliebt zu werden, und sie wird sich auch äußerlich mehr und mehr entfalten und vielleicht dann manches Männerauge durch ihre feinen, aparten Reize fesseln. Es ist eigentlich schade um sie, daß sie die ungeliebte Frau eines Mannes werden soll.«

»Ich werde alles tun, Mutter, was in meiner Kraft steht, um sie glücklich zu machen.«

»Das weiß ich, daß du dazu den guten Willen hast. Aber dann rate ich dir, sorge vor allem dafür, daß sie niemals erfährt, daß du nicht freiwillig und mit einem Herzen voll Liebe zu ihr kamst. Laß sie nicht ahnen, daß ihr Vater dich bestimmte, um sie zu werben. Wir Frauen brauchen viel nötiger die Überzeugung, daß wir geliebt werden, als die Liebe selbst. Glück ist Illusion. Erhalte ihr die Illusion, daß du sie aus Liebe wählst. Dann kann alles gutgehen.«

»Ich kann sie aber doch nicht belügen, Mutter.«

»Nein, das sollst du auch nicht. Man findet da schon die rechten Worte.«

60

»Du sprichst genau wie Fritz Rottmann.«

»Nun also, dann raten dir zwei erfahrene Menschen dasselbe. Verschweigen der Wahrheit ist keine Lüge, und selbst wenn du in diesem Falle einmal nicht so streng bei der Wahrheit bleibst, so ist das viel barmherziger. Ich habe vielleicht tiefer in dieser jungen Seele gelesen als andere Menschen, und mir kam eine Ahnung, daß Carla dich liebt. Deshalb habe ich sie sorgfältig beobachtet, und ich habe viele ungehobene Schätze in ihrem Innern gesehen — aber auch einen leicht verletzlichen Stolz. Dieser Stolz scheint sogar der Grundzug ihres Charakters zu sein, und er ist wohl entstanden durch die Bitterkeit, die durch die Vernachlässigung ihres Vaters in ihr entstanden ist. Hie und da zucken in ihren Worten, obwohl sie nicht leicht mitteilsam ist, diese Bitterkeit und dieser Stolz auf. Sie klagt ihren Vater nicht an, sie möchte ihm nahekommen, aber sie fühlt, daß er nicht viel für sie empfindet, und deshalb rettet sie sich wie hinter einen Schutzwall hinter ihren Stolz. Ein feines Ohr nur vernimmt die leise Klage, die durch diese arme Seele zittert.«

Heinz streichelte leise lächelnd die Hand seiner Mutter. »Da sieht meine gütige, feinfühlige Mutter wohl mehr in ein Wesen hinein, als darin verborgen ist. Carla ist ein liebes, gutes Kind, aber doch ziemlich harmlos. Natürlich hat sie die kühle Zurückhaltung ihres Vaters verletzt. Er weiß ja auch selbst, daß er ihr damit unrecht tut.«

»Nicht nur das; er hat sich geradezu an seiner Tochter versündigt. Du weißt, ich halte große Stücke auf ihn und bin ihm unsagbar dankbar, daß er so viel für dich getan hat. Aber von dieser Sünde kann ich ihn nicht freisprechen.«

»Er will ja gutmachen, soviel er kann.«

»Und doch sieht er schon jetzt wieder in seinem Kind eine Last, die er nicht schnell genug loswerden kann. Das darf Carla nicht wissen. Und dir will ich auch raten aus meinem Mutterherzen heraus: hüte dich, Carlas Stolz zu verletzen.

Ich bin fest überzeugt, daß sie dir nie ihr Jawort geben würde, auch wenn sie dich über alles liebt, wenn sie nicht an deine Liebe glauben kann.«

Der junge Mann sah nachdenklich vor sich hin. »Es hieße aber, mir ihr Jawort erschleichen, wenn ich ihr Liebe vortäuschte. Das kann ich nicht, Mutter; ich kann ihr keine Komödie vorspielen, die mich vor mir selbst verächtlich macht.«

Sie nahm mit einem guten, lieben Lächeln seine Hand. »Ich bin überzeugt, daß du Carla liebenlernst, wenn sie erst ihre Scheu vor dir überwunden hat und du sie besser kennenlernst. Was du für Harmlosigkeit hältst, ist nichts als Scheu. Du wirst allerlei Überraschungen erleben.

Sie ist wie ein stiller See, auf dessen Grund Perlen ruhen und die nur emporsteigen, wenn man es versteht, das Wasser zu beleben. Du bist ihr doch recht gut, obwohl du noch keine Liebe für sie empfindest und ihren wahren Wert noch nicht kennst. Also brauchst du ihr durchaus keine Komödie vorzuspielen. Wenn du um ihre Hand anhältst, wird sie keinen Augenblick im Zweifel sein, daß du das aus Liebe tust, denn sie sieht in dir ein Ideal.«

Heinz seufzte. Ihm schien es ziemlich ausgeschlossen, daß er je eine echte, rechte Liebe für Carla empfand. Er war ihr gut, ja — weil ihn ihre Hilflosigkeit rührte, aber sie erschien ihm auch bei näherer Bekanntschaft ziemlich langweilig und harmlos, dabei natürlich sehr sanft und gutmütig, so daß er ganz friedlich an ein Zusammenleben mit ihr denken konnte. Darüber hinaus ging sein Empfinden für sie nicht, und er war überzeugt, daß es nie darüber hinausgehen würde. Er ahnte nicht, daß Carla gerade ihm gegenüber einen dichten Schleier über ihr Wesen breitete.

Gegen seine Mutter und Schwester gab sie sich schon nach den ersten Tagen viel freier und zutraulicher. Sie liebte diese beiden Frauen, weil sie zu Heinz Salfner gehörten und weil sie ihr liebreich und gütig entgegenkamen. Ihr an Liebe darbendes junges Herz war ja so dankbar für ein wenig Liebe. Aber sobald Heinz in der Nähe war, wurde sie wieder schüchtern und verschlossen, und noch mehr, wenn ihr Vater dazukam. So hatte Heinz keine Ahnung, wie Carla Rottmann in Wirklichkeit beschaffen war. Trotzdem hatte er sich ganz darauf eingestellt, sie zu seiner Frau zu machen, obwohl er durchaus nicht zu den Männern gehörte, die lieber eine beschränkte Frau heimführen, damit sie sich überlegen fühlen können. Er versprach sich von einer Ehe mit Carla kein himmlisches Glück, sagte sich aber doch, daß er ganz friedlich mit ihr leben würde. Die Hauptsache war ihm nach wie vor die Zufriedenheit seines Chefs und die Aussicht, seiner Mutter und Schwester ein sorgenloses Leben schaffen zu können.

So sagte er nur: »Leider werde ich ihr dieses Ideal nicht verkörpern können. Aber da du mir dasselbe rätst wie Herr Rottmann, so will ich auf euch hören und Carla nicht sagen, daß ich nicht aus Liebe, sondern auf Wunsch ihres Vaters um sie werbe. Wenn ich damit ein Unrecht an ihr tue, so mag mir Gott verzeihen. Aber ich höre Käte kommen, laß uns nicht mehr davon sprechen, bis ich Carlas Jawort habe.«

Jetzt kam Käte herein mit einem Tablett, auf dem die bescheidene Abendmahlzeit stand.

»Du leistest uns doch Gesellschaft, Heinz?« fragte sie munter.

Er nickte ihr zu. »Ich habe den ganzen Abend für euch frei.«

»Oh, das ist ja eine seltene Freude. Bist du heute nicht zu Rottmanns bestellt?«

»Nein, Herr Rottmann ist mit seiner Tochter ins Theater gefahren. Ich soll dir und Mutter herzliche Grüße von ihr bringen, und sie erwartet euch morgen zum Mittagessen, weil sie sonst allein speisen müßte. Ihr Vater und ich haben morgen bis spät an der Börse zu tun.«

»Oh, dieser Einladung werden wir mit Wonne Folge leisten, nicht wahr, Muttchen? Erstens brauchen wir dann nicht zu kochen, zweitens gibt es im Hause Rottmann reichere Diners als im Hause Salfner, und drittens genießen wir Carlas Gesellschaft. Ich freue mich. Du dich auch, Muttchen?«

»Selbstverständlich, Käte.«

Diese ordnete das Essen auf dem Tisch und lud Mutter und Bruder ein, Platz zu nehmen.

»Weißt du, Heinz«, plauderte sie vergnügt, »auf unser bescheidenes Leben ist durch Carla Rottmann ein unerwarteter Glanz gefallen. Wir haben eigentlich jeden Tag irgendein Fest. Entweder fahren wir mit Carla spazieren, oder wir machen Einkäufe mit ihr, oder sie bewirtet uns mit guten Dingen, oder sie besucht uns und bringt Muttchen Blumen und mir Lektüre. Sieh, dieser herrliche Rosenstrauß ist auch von ihr. Und so hat sie hundert große und kleine Freuden in unser Dasein gebracht und tut das in einer so lieben, reizenden Art, als sei sie immer die Beschenkte.

Gestern morgen bin ich stundenlang mit ihr in der Pinasse ihres Vaters durch den Hafen gefahren. So lange war ich nicht dort, denn in der Kriegszeit sah es zu traurig dort aus. Aber nun ist doch beinahe wieder das alte Leben, wenn man uns auch unsere schönsten und größten Schiffe genommen hat. Es gibt doch wieder eine lebhafte Aus- und Einfuhr. Und zahllose Dampfer verkehren, viele werden auf den Werften gebaut, Waren werden gelöscht und verladen. Auf einem großen argentinischen Dampfer wurden gerade Lokomotiven verstaut — wie Puppenspielzeuge schwebten sie über Bord — toll. Alles haben wir uns angesehen. Und in unserer Begeisterung haben wir dann gesungen. Carla kräftig mit. Sie hat übrigens eine wundervolle Stimme, so weich und rein wie Glockenklang. Aber als über die Reeling eines großen Dampfers die Deckoffiziere auf uns herabsahen und uns Beifall klatschten, da brach sie erschrocken ab und wurde purpurrot. Ich sang aber mein Lied zu Ende und ließ mich in meiner Begeisterung nicht stören. Es war ein himmlischer Vormittag. Und das alles danken wir Carla, die immer darauf sinnt, uns Freude zu machen.«

Mutter und Bruder hatten ihrem Geplauder lächelnd zugehört.

»Ja, sie ist ein sehr gütiges Geschöpf«, pflichtete Heinz bei.

Es wurde an diesem Abend noch viel Lobendes über Carla Rottmann gesprochen. Kurz bevor sich Heinz verabschiedete, sagte er noch: »Da fällt mir ein, ich habe euch noch nicht gesagt, daß Rudolf Harden wieder in Hamburg ist.«

Er bemerkte sowenig wie seine Mutter, daß Käte plötzlich eine rote Glutwelle ins Gesicht schoß und sie dann ebenso schnell erbleichte.

»Ist er endlich wieder einmal daheim? Wann ist er gekommen?« fragte seine Mutter erfreut.

»Ich weiß noch gar nichts Näheres, Mutter; er hat nur angeklingelt in meiner Abwesenheit und mir sagen lassen, er sei da, habe aber heute und morgen zu tun, um seine Präparate auszupacken, und er werde mich anrufen, wenn er fertig sei. Du weißt, Mutter, solange er in der Zoologie beschäftigt ist, kann man ihn nicht stören. Seine Präparate müssen erst ordnungsgemäß verstaut sein, bevor man seiner habhaft werden kann. Also werde ich geduldig warten, bis er sich wieder meldet!«

Die Mutter lachte. »Nun, es ist schon sehr viel, daß er nicht vergessen hat, sich bei dir zurückzumelden. Ich freue mich, ihn wiederzusehen.«

»Ich mich auch, Mutter. Er ist doch nun einmal mein einziger wirklicher Freund. So verschieden wir auch in allen Dingen sind, und obgleich er ein reicher Mann ist und ich ein armer Schlucker, ehrlich und beständig ist unsere Freundschaft von Kind auf an gewesen. Nun, Käte, du sagst ja gar nichts dazu, daß Rudolf Harden wieder daheim ist?«

Käte hatte sich schnell gefaßt und konnte schon wieder lachen. »Ich freue mich natürlich auch. Wir werden wieder nach Herzenslust die grimmigsten Fehden miteinander ausfechten.«

»Daran wird es nicht fehlen. Er neckt sich zu gern mit dir. Aber nun gute Nacht.«

Damit verabschiedete sich Heinz von Mutter und Schwester.

Käte räumte das Geschirr ab und trug es in die Küche. Dort blieb sie eine Weile stehen mit geschlossenen Augen und fest auf das klopfende Herz gedrückten Händen. Aber dann warf sie stolz den Kopf zurück, als sage sie einem unsichtbaren Feind die Fehde an. Und mit einem tapferen Lächeln und munteren Worten ging sie zur Mutter hinein.

V

Carla Rottmann war in den vergangenen Wochen von ihrem Vater in die Gesellschaft eingeführt worden. Sie hatten Besuche gemacht und empfangen, hatten Theater und Konzerte besucht, kurzum, Fritz Rottmann gab sich Mühe, seine Tochter heimisch zu machen.

Dank der Hilfe der Majorin Salfner und ihrer Tochter hatte Carla in ihrem Äußeren viel von den altjüngferlichen Einflüssen ihrer Tante überwunden. Sie unterschied sich jetzt nicht mehr viel von den anderen jungen Damen ihrer Gesellschaftskreise. Und natürlich blieb es nicht aus, daß die jungen Herren sich auffallend der reichen Erbin näherten und ihr den Hof machten. Carla stand jedoch diesen Bemühungen völlig verständnislos gegenüber. Große Gesellschaften waren ihr überhaupt eine Qual. Sie hielt es nur für ihre Pflicht, sie zu besuchen. Fritz Rottmann sah den Bemühungen dieser jungen Lebemänner mit Unbehagen zu. Aus diesen Kreisen wollte er keinen Schwiegersohn. Diese untüchtigen Salonhelden, die aus Vaters Tasche lebten und Jagd auf reiche Partien machten, um ihr Drohnendasein fortzusetzen, waren ihm geradezu widerlich. Er hatte seine Wahl getroffen und wollte nicht, daß seine Tochter einen anderen begünstigte. Deshalb schränkte er diese Geselligkeiten bald wieder ein — und auch deshalb, weil er sich in der Rolle eines Ballvaters sehr unbehaglich vorkam.

Er drang nun in Heinz Salfner, daß er nicht länger mit seiner Werbung zögerte, denn er sehnte die Zeit herbei, wo er Carla dem Schutz eines Gatten anvertrauen konnte. Er fühlte sich in all seinen Lebensgewohnheiten beengt und gestört durch die Anwesenheit seiner Tochter.

Carla war viel zu feinfühlig, um das nicht zu merken. Der Vater ließ es freilich an nichts fehlen, er war wirklich durchdrungen von dem Wunsch, gutzumachen. Sie konnte tun und lassen, was sie wollte. Er hatte ihr ein hohes Nadelgeld ausgesetzt und überhäufte sie mit reichen Geschenken aller Art. Aber dem allem fehlte die rechte Herzlichkeit. Carla fühlte, daß sie dem Vater eine Last war, und wenn sie Heinz Salfner nicht gehabt hätte, wäre sie sich noch vereinsamter als früher erschienen.

Sonst fand sie keinerlei Anschluß, der sie befriedigt hätte. In der Gesellschaft fühlte sie sich nicht wohl, das leere Treiben stieß sie ab, und sie fühlte sich unbeholfener als je, obwohl sie eine gute Haltung wahrte. Bei aller Weltfremdheit merkte sie sehr wohl, daß die Herren sie nur hofierten, weil sie eines reichen Mannes Tochter war, und daß die jungen Damen über sie spotteten, weil sie sich in ihren oberflächlichen Gesprächen nicht finden konnte. So schloß sie sich mit Inbrunst an Käte und ihre Mutter an und lebte am liebsten in ihrer kleinen Welt, in der sie sich von diesen beiden wertvollen Frauen verstanden fühlte. Und ihre junge Seele wurde mehr und mehr erfüllt von Heinz Salfners Bild. Wenn er kam — sie kannte seinen raschen, elastischen

Schritt ganz genau —, klopfte ihr das Herz zum Zerspringen. Wenn er mit ihr sprach, fühlte sie sich wie eingehüllt in den Wohllaut seiner Stimme. Die kleinste Aufmerksamkeit von seiner Seite war ihr ein köstliches Erlebnis. Sie liebte ihn mit der ganzen Inbrunst ihres reichen, unerschöpften Empfindens und dankte ihm von Herzen für jedes gute Wort, das er mit ihr sprach.

Und wenn sie mit seiner Mutter und Schwester zusammen war, schien es ihr, als seien sie ein Teil von ihm. Es beglückte sie, daß sie ihr gut waren, und sie wurden ihr täglich lieber und teurer.

Käte übte einen sehr wohltuenden Einfluß auf sie aus. Sie riß sie mit fort, und in ihrer Gesellschaft konnte sie sehr munter und lebhaft sein. Aber sobald ihr Vater oder Heinz Salfner auftauchten, wurde sie wieder scheu und still. Ihre Befangenheit nahm ihr dann allen Charme, alle harmlose Lieblichkeit. Es war daher kein Wunder, daß Heinz Salfner sie noch immer für langweilig und gleichgültig hielt.

Der Tag, der nach Heinz Salfners Besuch bei seiner Mutter anbrach, war ein herrlicher Frühherbsttag. Die Sonne schien fast heiß hernieder, und Carla saß auf der Veranda unter dem Sonnenzelt und wartete auf Käte und ihre Mutter. Sie hatte zum Diner bei Frau Riemann ein Menü bestellt, das lauter Lieblingsspeisen Kätes enthielt. Solche kleinen Aufmerksamkeiten erwies sie den beiden Damen, so oft sie konnte. Und sie strahlte dann vor Freude, wenn sie gelungen waren. Carla trug ein sehr hübsches, rehfarbenes Tuchkleid mit sehr weiten Ärmeln aus einer helleren Seidengaze. Um die schlanken Hüften wurde das Kleid durch einen Gürtel aus braunen Hornblättchen und Holzperlen zusammengehalten. Sehr vornehm und elegant wirkte ihre Erscheinung. Sie hatte sich in ihrem Äußeren sehr zu ihrem Vorteil verändert, das war auch Heinz Salfner schon angenehm aufgefallen. Überhaupt, ohne daß er sich selber darüber klar war, hatte Carlas veränderte Erscheinung schon viel dazu beigetragen, daß er einer Verbindung mit ihr ohne jedes Widerstreben entgegensah. Erwartungsvoll sah Carla zur Gartenpforte, und als endlich Käte und ihre Mutter erschienen, eilte sie ihnen entgegen und begrüßte sie herzlich. Ihre Bewegungen waren dabei voll ungezwungener Grazie.

Käte legte den Arm um Carlas Schulter und sah ihr lachend ins Gesicht.

»Dies Kleid steht Ihnen famos, Carla; Sie sehen ganz reizend darin aus. Nein, werden Sie nur nicht rot. Ihnen kann man es gar nicht oft genug sagen, daß Sie reizend sind, damit sich Ihr Selbstbewußtsein ein wenig hebt. Was sagt Ihr Spiegel zu Ihnen?«

»Daß Ihre Frau Mutter eine Dame von gutem Geschmack ist. Ohne sie hätte ich kaum in so kurzer Zeit eine solche Veränderung an mir erlebt.«

»Nicht wahr, Muttchen versteht es, das Richtige für Sie herauszufinden?«

»Ich lehne jede Verantwortung ab«, scherzte die Majorin, »Fräulein Carla hat einen sehr sicheren Instinkt für das, was kleidsam für sie ist.«

»Danach habe ich nicht ausgesehen, als ich hier ankam«, sagte Carla lächelnd.

»Dafür trug aber nur Ihr Fräulein Tante die Verantwortung«, entgegnete Käte rasch.

»Nun ja, Tante Gertruds Geschmack war wirklich ein wenig rückständig, und wenn ich das auch bemerkte, wollte ich sie doch nicht durch eine Ablehnung kränken, zumal es mir im Grunde gleichgültig war, wie ich aussah.«

»Ja, Carla, ich habe noch nie ein Mädchen kennengelernt, das so wenig eitel ist wie Sie«, warf Käte ein.

Carla zuckte die Achseln. »Es war mir aber wirklich gleichgültig, was ich trug.«

»Das darf einer jungen Dame aber nicht gleichgültig sein«, schalt Käte ganz ernsthaft. »Jede Blume sucht so

69

schön wie möglich zu blühen, und jede Frau soll sich so schön wie möglich machen. Ich nehme es sehr wichtig, möglichst nett auszusehen.«

Carla nickte ihr zu. »Ihnen fällt das auch leicht, liebe Käte. Sie sind so reizend mit Ihrem blonden Haar und Ihren blauen Augen, die jedem Menschen ins Herz hineinlachen. Bei mir sind alle Verschönerungsversuche vergeblich.«

»So? Da sind Sie sehr auf dem Holzweg, wenn Sie glauben, daß ich hübscher bin als Sie. Ich stelle nur alle meine Reize in das rechte Licht, damit sie jeder gleich bemerkt. Sie aber verstecken alles, was schön an Ihnen ist, mit einer verblüffenden Virtuosität. Das ist der ganze Unterschied zwischen uns. Ich bin ein landläufig hübsches Mädchen und rangiere unter dem Sammelbegriff: ganz passabel. Sie aber hätten alles Zeug dazu, eine aparte Schönheit, eine interessante Erscheinung zu werden mit Ihren feinen Zügen, Ihren schönen grauen Augen, die so überraschend aufleuchten können, und Ihrem wundervollen Haar. Aber Sie verstecken Ihre Augen unter den Lidern und frisieren Ihr Haar immer noch nicht vorteilhaft genug.«

»Ich trage es doch schon viel lockerer«, sagte Carla zaghaft.

»Längst noch nicht genug.«

»Käte hat recht, liebes Kind, Ihr schönes Haar müßte noch viel mehr zur Geltung kommen, wenn es noch zwangloser frisiert würde.«

Carla wurde rot und sah die alte Dame unsicher an. »Ich muß mich erst langsam daran gewöhnen.«

»Nun, das wird sich schon alles noch finden, Carla. Ich werde Ihnen nachher einmal das Haar aufstecken, wie ich es meine. Wollen wir das gleich tun, ehe wir zu Tisch gehen?«

Unsicher sah Carla nach der Armbanduhr. »Zeit wäre noch.«

»Dann kommen Sie. In zehn Minuten sind wir fertig.«

Die beiden jungen Damen gingen hinauf in Carlas Zimmer, während die Majorin unten auf der Veranda sitzen blieb.

Mit geschickten Händen ordnete Käte Carlas Haar vor dem Spiegel, und in wenigen Minuten hatte sie eine sehr anmutige Frisur zustande gebracht.

»Nun, wie gefällt man sich?« fragte sie lachend.

»Sehr gut! Diese Frisur ist wirklich viel kleidsamer für mich, aber es wird lange dauern, bis ich sie zustande bringe.«

»Lassen Sie sich doch frisieren.«

»Um Gottes willen nicht; es ist mir entsetzlich, wenn fremde Leute mein Haar anfassen. Das müssen schon so liebe Hände sein wie die Ihren.«

»Nun, so engagieren Sie mich als Kammerzofe«, scherzte Käte.

Carla erhob sich und streichelte Kätes Hand. »Gute, liebe Käte, ich werde mir viel Mühe geben, diese Frisur fertigzubringen, schon um Ihnen zu gefallen.«

»Brav, brav, ich bin zufrieden mit Ihnen.«

»Aber nun wollen wir Ihre liebe Mutter nicht länger allein lassen. Es ist auch Zeit, zu Tisch zu gehen.«

Sie gingen hinunter. Die Majorin fand Carla in der veränderten Frisur sehr reizend und dachte bei sich, daß ihr Sohn auf die Dauer nicht gleichgültig bleiben könnte.

Die Damen gingen nun zu Tisch, und Carla freute sich an Kätes gutem Appetit und an ihrer hellen Lust über ihre Lieblingsspeisen.

Nach Tisch saßen die Damen noch ein halbes Stündchen auf der Veranda. Dann mußte die Majorin sich verabschieden wegen einer Komiteesitzung. Sie hatte verschiedene kleine Ämter in Wohltätigkeitsvereinen. Käte wollte sich mit ihr entfernen, aber Carla bat sie, noch zu bleiben.

»Da Ihre Frau Mutter doch nicht zu Hause ist, können Sie mir noch ein wenig Gesellschaft leisten. Oder erlaubt es Ihre Arbeit nicht?«

»Die kann ich am Abend erledigen, Carla. Aber Ihr Herr Vater kommt sicher bald nach Hause, und da möchte ich nicht stören.«

»Vor sechs Uhr kommt mein Vater heute nicht heim. Also bleiben Sie noch, Käte; wir rudern ein Stündchen auf der Alster, und dann trinken wir den Tee zusammen. Ich lasse Ihnen auch frische Knusperchen dazu backen.«

Käte lachte. »Sie brauchen mich gar nicht erst mit solchen Versprechungen zu locken, Carla; ich bleibe auch ohnedies herzlich gern. Wie im Schlaraffenland komme ich mir vor, wenn ich bei Ihnen bin. Und im Ruderboot auf der Alster: Sie wissen, ich bin eine Wasserratte.«

So ging die Majorin allein. Die beiden jungen Damen begleiteten sie bis zum Gartentor und schritten dann Arm in Arm auf den gepflegten Kieswegen bis nach dem hinteren Teil des Gartens, der an die Alster grenzte.

An dem schmalen Rudersteg lag ein hübsches, schlankes Ruderboot. Ein Diener brachte Kissen und Decken herbei, die Damen stiegen in das Boot und machten es sich bequem. Käte bat, rudern zu dürfen, und so nahm Carla am Steuer Platz. Der Diener gab dem Boot einen kräftigen Stoß, daß es flott wurde, und dann setzte Käte die Ruder ein. Leicht glitt das Boot auf der Alster dahin. Es herrschte an diesem warmen, sonnigen Tag ein reger Verkehr auf dem Wasser.

Kätes Augen blickten vergnügt umher. »Herrlich ist so eine Fahrt, Carla. Ich könnte gleich wieder singen. Aber da hätten wir noch mehr Zuhörer als neulich im Hafen.«

Carla lachte leise. »Das glaube ich auch.«

Ungezwungen lehnte Carla in den Kissen, mit lässig anmutigen Bewegungen das Steuer regierend. Die beiden schlanken Mädchengestalten gaben ein sehr hübsches Bild ab in dem eleganten Boot.

Das dachte auch ein braungebrannter junger Herr, der ihnen in einem Paddelboot entgegenkam. Er sah in Carlas lächelndes Gesicht, in ihre großen, strahlenden Grauaugen hinein, die ein so reiches Seelenleben verrieten. Entzückt beobachtete er, wie die Sonne metallische Lichter über ihr kastanienbraunes Haar streute, das in leichten Wellen den feinen Kopf umrahmte.

Sie sah in diesem Augenblick so lieblich aus mit ihrem lächelnden Gesicht und den strahlenden Augen, daß sie sehr wohl einen Mann auf den ersten Blick fesseln konnte. Und der Herr in dem Paddelboot ließ seine Blicke auf ihr ruhen. So intensiv betrachtete er sie, daß er auf Käte gar nicht achtete.

Diese aber sah ihn nun mit scharfem Blick an und richtete sich plötzlich straff empor, die Ruder ruhen lassend. Eine jähe Röte flog über ihr Gesicht.

Tatsächlich — er war es!

»Hallo, Herr Doktor! Sind Sie es selbst oder Ihr Geist?« rief sie gleich darauf lachend zu ihm hinüber, ihre Erregung tapfer bezwingend.

Der junge Herr wandte sich nun schnell zu Käte um. »Fräulein Käte! Das ist eine reizende Überraschung! Von Geist keine Spur, ich bin es selbst.«

»Also wieder in Hamburg! Ich hörte es gestern schon von Heinz!«

»Ja, vorgestern abend bin ich angekommen, habe gestern und heute ausgepackt und meine Präparate verstaut, und nun unternehme ich den ersten Ausflug per Paddelboot auf den heimischen Gewässern. Famos, daß ich Ihnen gleich begegne. Wie geht es Ihnen, Fräulein Käte?«

»Gut, sehr gut — augenblicklich ganz hervorragend gut. Unkraut vergeht nicht, Herr Doktor.«

»Wäre auch schade um solch reizendes Unkraut.«

»Um Gottes willen, Herr Doktor, Sie haben doch nicht etwa die Absicht, einen neuen Ton zwischen uns einzuführen mit Komplimenten und so?«

»Wage ich gar nicht!«

Die beiden Boote hielten jetzt dicht nebeneinander.

»Gestatten Sie, Carla, daß ich Ihnen Herrn Doktor Harden vorstelle, meines Bruders bester Freund — Fräulein Rottmann.«

Carlas Augen glänzten auf. Es konnte keine bessere Empfehlung für einen Menschen geben in ihren Augen, als daß er ein Freund Heinz Salfners war. Mit warmem Interesse, ohne jede Befangenheit, sah sie den jungen Mann an und neigte das Haupt.

Dr. Harden vermochte seine Augen nicht von Carlas belebtem Gesicht loszureißen. »Doch nicht die Tochter von Fritz Rottmann?« fragte er hastig, sich vor ihr verneigend.

»Fritz Rottmann ist mein Vater, Herr Doktor«, erwiderte Carla lächelnd.

Dies Lächeln bezauberte ihn vollends. »Ich freue mich, Sie kennenzulernen, mein gnädiges Fräulein. Ihren Herrn Vater kenne ich schon seit Jahren. Ich hatte auch schon wiederholt die Ehre, in seinem Haus zu verkehren, mit meinem Freund Salfner zusammen. Bei einer solchen Gelegenheit hörte ich Ihren Herrn Vater von seiner Tochter sprechen.«

Carla ließ die Hände lässig im Schoß ruhen. »Wirklich? Mein Vater hat von mir gesprochen?« Sie war wirklich darüber erstaunt. »Ja, er sagte mir: Mein kleines Mädchen lebt in der Schweiz bei ihrer Tante. Das war freilich alles, was ich von Ihnen hörte. Deshalb können Sie sich mein Erstaunen denken, als ich statt des kleinen Mädchens eine erwachsene Dame als Fritz Rottmanns Tochter vor mir sehe.«

Ein seltsames Lächeln huschte um Carlas Lippen, ein Lächeln, das von vergangenen Schmerzen sprach und etwas Ergreifendes hatte. »Mein Vater hatte wohl vergessen, daß aus kleinen Mädchen erwachsene Menschen werden«, sagte sie leise in stiller Resignation. Mit noch stärkerem Interesse sah er in ihre Augen. Sie erschienen ihm unsagbar schön, und sie bezauberten ihn ebensosehr wie der leise zuckende, blaßrote Mund. Es lag etwas in diesem Mädchengesicht, das ihn seltsam bewegte.

Aufatmend riß er sich los von ihrem Anblick, um nicht lästig zu scheinen, und fragte Käte: »Heinz ist doch wohl im Geschäft. Ich wollte ihn anrufen.«

»Nicht vor sechs Uhr, Herr Doktor. Zwischen sechs und sieben ist er bestimmt zu erreichen.«

»Danke vielmals! Und morgen, wenn es gestattet ist, werde ich Ihnen und Ihrer Frau Mutter meine Aufwartung machen.«

»Es ist gestattet, Herr Doktor. Muttchen wird sich freuen.«

»Und Sie hoffentlich auch?«

»Selbstverständlich.«

»Sonst hätte ich mich in die Alster gestürzt«, scherzte er.

»Das will ich nicht auf dem Gewissen haben«, sagte Käte tapfer lächelnd.

»Jetzt will ich die Damen aber nicht länger stören. Auf Wiedersehen!«

»Auf Wiedersehen, Herr Doktor.«

Doktor Harden verneigte sich und sah noch einmal wie magnetisch angezogen in Carlas Gesicht. Dann fuhr er davon. Käte setzte die Ruder wieder in Bewegung und sah versonnen hinter ihm her.

»War Doktor Harden längere Zeit verreist?« fragte Carla.

Käte schrak auf. »Er hat nach dem Krieg erst sein Studium in Leipzig beendet und dann eine Forschungsreise unternommen, von der er jetzt zurückgekehrt ist.«

»Ist er Arzt?«

»Nein, Naturforscher.«

»Geborener Hamburger?«

»Ja, sein Vater war sogar Senator und ist vor zwei Jahren gestorben. Damals haben wir ihn zuletzt gesehen, als er zur Beerdigung seines Vaters hier war. Er ist der einzige Erbe seines Vaters, also sehr reich und völlig unabhängig. Deshalb hat es ihm nicht so sehr wie anderen Studierenden geschadet, daß sein Studium durch den Krieg unterbrochen wurde. Er hat mit Heinz bis zum Abitur das Gymnasium besucht und dann mit ihm im selben Regiment gedient. Natürlich war er nur Reserveleutnant, aber er hat, gleich Heinz, den ganzen Feldzug mitgemacht. Während des ganzen Krieges waren sie unzertrennlich. Nach dem Feldzug hat er seine Studien fortgesetzt.«

»Und jetzt will er in Hamburg bleiben?«

»Das weiß ich nicht. Vermutlich nur auf einige Zeit«, erwiderte Käte, während ein leiser Seufzer ihren Lippen entfloh.

Kein Mensch wußte, daß die muntere, tapfere Käte eine unglückliche Liebe zu Doktor Harden im Herzen trug. Sie wollte es nicht einmal sich selbst gestehen.

Aber sie litt trotzdem sehr darunter.

Daß Doktor Harden diese Liebe nicht erwiderte, wußte sie ganz genau. Er hatte sich immer gern mit ihr geneckt und gern mit ihr geplaudert. Auch empfand er für die tapfere kleine Majorstochter eine große Hochachtung, aber darüber hinaus ging sein Interesse für sie nicht. Darüber gab sie sich nie einer Täuschung hin, und deshalb hatte sie ihr Herz tapfer in beide Hände genommen und ihre aussichtslose Liebe still eingesargt. Aber als sie ihn nun heute wiedergesehen, hatte es doch in ihrem Herzen schmerzhaft aufgezuckt. Nun war das jedoch schon wieder überwunden.

Die beiden jungen Damen kehrten zurück und nahmen auf der Veranda den Tee ein. Dabei plauderten sie angeregt. Im Lauf des Gesprächs fragte Carla: »Würden Sie mich morgen nachmittag auf einer Hafenfahrt begleiten, Käte?«

Immer war sie darauf bedacht, Käte eine Freude zu machen, aber sie gab sich dabei den Anschein, als müsse ihr diese eine Gefälligkeit erweisen.

Kätes Augen leuchteten auf. »Mit Wonne natürlich, Carla. Sie brauchen mir nur zu sagen, wann ich Sie abholen soll.«

»Nein, ich werde Sie abholen. Wir fahren im Auto bis zum Hafen. Ist es Ihnen recht, wenn ich um drei Uhr bei Ihnen bin, oder sind Sie da mit Ihrer Arbeit noch nicht fertig?«

»Oh, ich arbeite dafür am Abend etwas länger. Das Vergnügen einer Hafenfahrt lasse ich mir nicht entgehen.«

»Die ›Magnolia‹ fährt um vier Uhr ab, das dürfen wir nicht versäumen.«

»Also wieder ein Fest für mich. Jeder Tag fast bringt mir durch Sie eine neue Freude, Carla. Ich bin Ihnen so sehr dankbar.«

»Ich habe viel mehr Veranlassung, Ihnen dankbar zu sein. Ohne Sie und Ihre liebe Mutter würde ich sehr einsam und sehr bedauernswert sein.«

»Und das sagt eine der reichsten Erbinnen Hamburgs, die sich jeden Wunsch erfüllen kann«, neckte Käte.

Carla seufzte. »Ach, liebe Käte, ich bin eine sehr arme reiche Erbin und würde sofort mit Ihnen tauschen, das können Sie mir glauben.«

Käte drückte impulsiv einen Kuß auf ihre Wange. »Wir haben Sie doch so lieb, Carla; so arm, wie Sie denken, sind Sie doch nicht«, sagte sie herzlich.

Carla faßte ihre Hand. »Liebe, liebe Käte — können wir nicht du zueinander sagen? Ich möchte es so gern, ich habe nie eine Freundin gehabt. Tante Gertrud störte es in ihrem ruhigen Behagen, wenn ich mit jungen Mädchen verkehrte, und Pensionsfreundschaften liegen so weit hinter mir. Willst du mir eine Freundin sein?«

Käte umarmte Carla herzlich. »Von Herzen gern, du kommst meinem Wunsch entgegen. Ich empfinde schon längst ehrliche Freundschaft für dich.«

»Das habe ich gefühlt, und es machte mir Mut, meine Bitte auszusprechen.«

»Gehört dazu so viel Mut, du kleiner, verzagter Hasenfuß?«

»Du hast schon recht, mich zu schelten. Courage habe ich nicht viel, und ich beneide dich sehr um deine unverzagte Tapferkeit.«

Käte strich sich das lockige Blondhaar aus der Stirn. »Ach du, neide sie mir nicht. Die brauche ich so notwendig im Lebenskampf.«

Carla drückte ihr beide Hände. »Ich wollte, ich dürfte dich vor diesem Kampf behüten oder ihn dir wenigstens leichter machen.«

Kraftvoll streckte Käte ihre Arme aus. »Solange ich gesund und stark bin, soll er mich nicht schrecken. Im übrigen hast du ihn mir schon viel leichter gemacht. Ein wenig Freude auf dem Weg, das hilft voran. Und du schenkst mir so viele Freuden, du Liebe, Gute. Immer sinnst du auf neue Überraschungen. Beinahe habe ich es jetzt so gut wie du selbst. Fast an all deinen Freuden darf ich teilnehmen. Du willst nicht, daß ich dir dafür danke, aber ich muß es immer wieder tun. Auch in Muttchens Leben hast du so viel Sonne gebracht, sie lebt förmlich auf, schon aus Freude darüber, daß du mir so viel Gutes tust.«

»Beschäme mich doch nicht, was tue ich denn Großes?«

»Darüber werden wir nie einig, Carla. Und wir wollen nicht mehr darüber streiten. Unsern Dank mußt du dir doch gefallen lassen. Aber jetzt muß ich aufbrechen, Muttchen ist gewiß schon zu Hause, und ich muß jetzt noch mein Arbeitspensum erledigen.«

»Dann muß ich dich freilich gehen lassen. Also morgen nachmittag hole ich dich ab. Grüß deine liebe Mutter. Und ich lasse sie bitten, daß sie mir deine Freundschaft gönnt.«

»Das tut sie gewiß, sie hat dich lieb — wie ich.«

»Wie froh macht mich das. Auf Wiedersehen, liebe Käte.«

VI

Am Abend desselben Tages brachte Fritz Rottmann, wie oft schon, Heinz Salfner zum Abendessen mit nach Hause. Er sah es gern, wenn die beiden jungen Leute zusammen waren, und hoffte auf einen Fortschritt seiner Pläne.

Carla sah heute sehr lebhaft und angeregt aus, denn Käte hatte sie noch nicht lange verlassen.

»Ich habe heute einen Freund von Ihnen kennengelernt, Herr Salfner«, sagte sie. Überrascht hatte er sie angesehen. Sie trug das Haar noch so, wie es Käte frisiert hatte, und sie erschien ihm heute mit den frischen Farben und der angeregten Miene ganz anders als sonst.

»Sie meinen Doktor Harden, mein gnädiges Fräulein. Er hat mich vorhin angerufen und mir erzählt, daß er Sie mit meiner Schwester auf der Alster traf.«

»Warst du mit Fräulein Käte rudern, Carla?« fragte der Vater.

»Ja, Vater, es war so schönes Wetter. Sie haben sich wohl sehr gefreut, daß Ihr Freund wieder in Hamburg ist, Herr Salfner?«

»Ja, er hat mir sehr gefehlt.«

»Das glaube ich Ihnen«, warf Fritz Rottmann ein, »Doktor Harden ist ein sehr guter Gesellschafter, und ich hoffe, daß Sie ihn bald einmal zu uns bringen. Ich rechne darauf, daß er recht viel in unserm Haus verkehrt das können Sie ihm sagen.«

Heinz Salfner verneigte sich. »Das will ich gern tun. Er wird sich freuen, denn er hegt eine große Verehrung für Sie. Hoffentlich wird es auch Ihnen, mein gnädiges Fräulein, angenehm sein, wenn Doktor Harden in Ihrem Haus verkehrt.«

»Das ist selbstverständlich, da er ein Freund von Ihnen und auch von Käte ist. Ich habe heute mit Ihrer Schwester einen Freundschaftsbund geschlossen; wir nennen uns du«, berichtete Carla etwas lebhafter als sonst.

»Das freut mich sehr, mein gnädiges Fräulein.«

Man ging zu Tisch und plauderte von allerlei Tagesfragen. Als man nach Tisch in einem der Nebenzimmer Platz genommen hatte, wurde der Hausherr telefonisch abgerufen.

»Herr Großmann wünscht den gnädigen Herrn zu sprechen«, sagte der Diener.

Rottmann erhob sich. »Ach, von Großmann und Kompagnie. Er will gewiß noch einen Abschluß machen vor seiner Abreise. Ich dürfte da etwas lange am Telefon festgehalten werden. Unterhalten Sie meine Tochter inzwischen gut, lieber Salfner.«

Damit entfernte sich der Hausherr.

Carla sah ihm etwas betreten nach. Ein Alleinsein mit Heinz Salfner machte sie immer sehr befangen. Aber sie begann doch tapfer eine Unterhaltung.

»Morgen nachmittag habe ich mich mit Käte zu einer Hafenfahrt verabredet. Wir wollen in der Pinasse zur ›Magnolia‹ fahren, die morgen in See geht.«

Heinz trat zu ihr und sah auf sie herab. »Das freut mich sehr, mein gnädiges Fräulein. Wenn ich Ihnen nur sagen könnte, wie dankbar ich Ihnen bin, daß Sie meiner Mutter und meiner Schwester so viele gute Stunden schaffen.«

Sie wagte nicht, zu ihm aufzusehen, und zwang sich, ganz ruhig und gleichmütig zu antworten:

»Ich tue das doch nur, um mir selbst gute Stunden zu schaffen, und verdiene dafür keinen Dank. Der Gewinn ist ganz auf meiner Seite. Ich bin stolz darauf, daß Käte meine Freundin wurde. Sie ist ein so bewundernswerter tapferer und nützlicher Mensch. Wie nutzlos ist dagegen mein Dasein. Ich lebe niemand zum Nutzen, niemand zur Freude.«

In ihren letzten Worten lag eine bittere Klage. Er sah mitleidig auf sie herab. »Das dürfen Sie nicht sagen, mein gnädiges Fräulein.«

Sie seufzte auf. »Es ist ja die Wahrheit; niemand braucht

mich. Ich bin meinem Vater eine Last und für keinen Menschen nötig.«

Er faßte ihre Hand. Es lag eine so wehe Klage in diesen leisen Worten, daß es ihm zu Herzen ging. Der Wunsch, ihr helfen zu können, wurde stark und mächtig in ihm, er vergaß darüber alles andere. »Sie könnten Ihrem Dasein sofort einen hohen Wert geben, wenn Sie nur wollten, für eine Person mindestens«, sagte er mit leiser Erregung.

Erstaunt sah sie zu ihm auf. Sie fühlte instinktiv, daß er erregt war, und das teilte sich ihr mit. Schnell ließ sie die Augen wieder sinken.

»Wie sollte das möglich sein?« fragte sie.

Er hielt ihre Hand noch immer fest und fühlte, daß sie in der seinen zitterte. »Das will ich Ihnen sagen, Fräulein Carla, will es in dieser Stunde aussprechen, was ich Ihnen schon längst gern gesagt hätte. Für mich könnte Ihr Leben einen hohen Wert erhalten, wenn Sie sich entschließen könnten, meine Frau zu werden und dadurch mein Leben lichter und lebenswerter zu gestalten. Wollen Sie meine Frau werden, Carla?«

Er hatte herzlicher und wärmer gesprochen, als er es selbst beabsichtigt hatte, vielleicht, weil es ihm, ohne daß er es wußte, mehr Herzenssache war, als er vorher geglaubt hatte.

Sie war zusammengezuckt. Nun sah sie mit großen Augen zu ihm auf, während eine tiefe Röte in ihr Antlitz stieg. Es war ihr nicht möglich, gleich zu antworten. Zu jäh kam die Ahnung eines leuchtenden Glückes über sie. Keine Sekunde kam ihr der Gedanke, daß er aus schnöder Berechnung, ihres Reichtums halber, um sie werben könnte. Dafür kannte sie ihn zu gut, wußte zu genau, daß er unedler Eigenschaften unfähig war. Daß er von ihrem Vater gedrängt worden war, um sie zu werben, ahnte sie natürlich nicht. Wohl schien es ihr gewiß, daß er sie unmöglich so tief und innig lieben konnte wie sie ihn, aber wie gern, o wie gern wollte sie zufrieden sein, wenn er sie nur ein wenig liebte. Und das mußte er tun, sonst würde er sie nicht zur Frau begehren. Daran glaubte sie wie an ein Evangelium. Er kam ja aus freien Stücken zu ihr und bat sie, seine Frau zu werden. Ein Zittern lief über sie dahin.

Heinz sah es, und er fühlte, daß sie ihn liebte und daß sie mädchenhaft erschauerte unter der Größe ihres Gefühls. Er konnte nicht anders, als ein warmes, wohliges Empfinden bei diesem Gedanken zu haben. An den Händen zog er sie zu sich empor. »Nun, Carla — wollen Sie mir nicht antworten?«

Sie atmete zitternd auf. »Kann ich Ihnen denn etwas sein?«

»Ja, Carla, meine liebe Frau, mein guter, treuer Lebenskamerad. Gestatten Sie mir, daß ich Sie beschützen und behüten darf vor allem Rauhen und Schweren. Werden Sie mein Weib, mein Weggenosse auf der Lebensfahrt.«

Das klang so voll echten Gefühls und war so ehrlich gemeint, daß alle Tore ihres Herzens weit vor ihm aufsprangen.

»Ob ich will? O mein Gott — ob ich will«, stieß sie bebend hervor.

Er küßte ihre Hände. »Soll das ein Ja sein, Carla?«

Sie nickte bebend, und dann rang es sich wie ein Schluchzen aus ihrer Brust.

»Ja, ja, ich will. Sie sind der einzige Mensch, Heinz, mit dem ich einen solchen Weg gehen könnte.«

Da zog er sie in seine Arme, und ein warmes, herzliches Gefühl war in seiner Seele für dieses junge, liebevolle Geschöpf. Es fiel ihm gar nicht schwer, sie herzlich auf den Mund zu küssen. Und es klang echt und tief empfunden, als er zu ihr sagte:

»Meine liebe Carla, ich danke dir, daß du dich mir zu eigen gibst, und ich will alles tun, was in meiner Macht liegt, dich glücklich zu machen. Du sollst nie mehr einsam sein, sollst nie mehr glauben, daß dein Leben wertlos ist.«

Da klang ein einziges krampfhaftes Schluchzen zu ihm auf, und sie lehnte den Kopf wie ein müdes Kind an seine Schulter.

»Nun habe ich heimgefunden, nun bin ich nicht mehr allein, nun habe ich dich. Ich muß dir danken, Heinz.«

Er streichelte ihr Haar, das heute so anmutig ihre Stirn umrahmte.

»Arme kleine Carla.«

Sie schüttelte mit einem glücklichen Lächeln den Kopf. »Nein, nicht mehr arme Carla. Jetzt bin ich reich, so reich.«

Er küßte ihre Stirn, ihren Mund und ihre Hände, und in seinem Innern war der ehrliche Wunsch, sie wirklich glücklich zu machen. Es war ihm ein sehr wohliges Gefühl, als sich ihr junger Körper an ihn schmiegte, als der Duft ihres Haares zu ihm emporstieg. Und es wurde ihm gar nicht schwer, ihr Zärtlichkeiten zu erweisen.

Aber plötzlich zuckte sie in seinen Armen zusammen. »Der Vater, Heinz! Was wird der Vater sagen?«

Ein Lächeln huschte um seinen Mund. »Bist du bange vor ihm?«

Sie atmete auf. »Ich weiß nicht, Heinz, ob der Vater seine Einwilligung geben wird.«

Wieder streichelte er ihr Haar. »Hab keine Angst, Carla, er hat mich sehr gern, und ich werde es ihm gleich sagen, daß wir uns verlobt haben, und ihn um seine Einwilligung bitten.«

Sie sah aus, als ob sie am liebsten geflohen wäre, aber er hielt sie fest.

»So zaghaft, Carla?«

»Nur vor dem Vater, Heinz, denn — wenn er nicht einwilligt, dann muß ich mich zum erstenmal gegen seinen Willen auflehnen.«

Gerührt zog er sie wieder an sich. »So sehr liebst du mich?« sagte er.

Sie nickte nur.

In diesem Augenblick kam Fritz Rottmann zurück. Er sah noch, daß Carla sich rasch aus Heinz Salfners Armen löste. Ein helles Leuchten lag auf seinem Gesicht.

Carla wich zurück bis an das Fenster. Aber dort stand sie dann wie gerüstet auf einen Kampf, mit blassem Gesicht und brennenden Augen.

Heinz Salfners und Fritz Rottmanns Augen trafen ineinander. Der junge Mann trat rasch auf den älteren zu.

»Herr Rottmann, ich habe Ihre Abwesenheit benutzt, um eine ernste Frage an Ihre Tochter zu richten. Es ist eine ungewohnte Stunde zu einer Werbung, aber ich will nicht zögern, Sie um die Hand Ihrer Tochter Carla zu bitten.«

Mit einem intensiven Aufleuchten seiner Augen drückte Rottmann seine Hand, ohne daß es Carla merkte, da sie die Augen wieder niedergeschlagen hatte. Nun trat der Vater an sie heran und legte den Arm um ihre Schulter.

»Also, mein kleines Mädchen will nicht bei ihrem Vater bleiben? Ich habe es wohl nicht verstanden, dich festzuhalten?«

Sie sah mit bangem Ausdruck zu ihm auf.

»Lieber Vater, ich habe Heinz lieb und konnte ihn nicht abweisen. Bitte, gib uns deine Einwilligung.«

»Und wenn ich sie nun nicht gebe?« scherzte er gutgelaunt.

Ein rasches Wort drängte sich auf ihre Lippen. Sie wollte sagen: Auch dann werde ich ihm angehören. Aber sie unterdrückte es. Auf ihrem Gesicht lag jedoch ein Ausdruck, den weder der Vater noch Heinz je an ihr gesehen hatten. Dies junge Geschöpf, das immer so scheu seine Gefühle vor den beiden Männern verbarg, hatte plötzlich etwas Bedeutendes bekommen, etwas, was Heinz nicht mit ihrer sonstigen ›Indolenz‹ vereinbaren konnte. Und sie sagte mit seltsam fester, ruhiger Stimme:

»Ich habe dich nie um etwas gebeten, Vater, und bin dir immer gehorsam gewesen. Jetzt habe ich zum erstenmal eine

Bitte an dich: Laß mich Heinz Salfners Frau werden. Wenn du es mir verweigern würdest, könnte ich zum erstenmal nicht gehorsam sein.«

Die beiden Männer sahen einander einen Augenblick wie überrascht an. Es klang aus diesen Worten ein seltsam starker Wille, den sie beide Carla nicht zugetraut hätten. Aber Rottmann ging doch gleich wieder darüber hinweg.

»Nun, diese erste Bitte darf ich nicht unerfüllt lassen, zumal ich viel an dir gutzumachen habe. Ich gebe meine Einwilligung.«

Sie küßte schnell seine Hand und gab ihre Kampfbereitschaft sofort auf. »Ich danke dir, du hast damit alles hundertfältig gutgemacht, lieber Vater!«

Es trieb dem alten Herrn doch eine leichte Röte ins Gesicht. Er mußte sich sagen, daß er sich hier von einem Anrecht loskaufte für einen Preis, der ihm nur Gewinn und Erfüllung eigener Wünsche brachte.

Auch Heinz Salfners Stirn hatte sich gerötet, konnte er sich doch der Erkenntnis nicht verschließen, daß Carla hier eine Komödie vorgespielt wurde. Viel hätte er darum gegeben, wenn er hätte freien Herzens vor ihr stehen können. Und als Fritz Rottmann ihm jetzt seine Tochter zuführte und sie in seine Arme legte, umschlang er sie erregt und sagte mit unterdrückter Stimme:

»Herr Rottmann, ich habe den festen Willen, Carla glücklich zu machen. Und auch ich danke Ihnen, daß Sie uns Ihre Einwilligung geben.«

Rottmann faßte mit festem Griff seine Hand. »Danke mir nicht, mein Sohn. Du weißt, daß ich dich wie einen solchen liebe. Du, meine liebe Carla, hast mir mit deinem Jawort einen Sohn geschenkt, wie er nach meinem Herzen ist, und dafür danke ich dir.«

Carla durchlebte die nächste Stunde wie im Traum. Wohl staunte sie, daß der Vater so schnell seine Einwilligung gab zu ihrer Verbindung mit einem Mann, der völlig ver-

mögenslos war. Aber sie dachte nicht weiter darüber nach.
Sie war restlos glücklich, denn obgleich Heinz mit keinem
Wort gesagt hatte, daß er sie liebte, zweifelte sie keine
Sekunde daran, daß er es tat. Wie wäre er sonst zu ihr
gekommen, um sie zu seiner Frau zu machen?

Kein Schatten trübte ihr Glück, wenn sie diesem auch
keinen lauten Ausdruck geben konnte. Die scheue Schüchternheit ihres Wesens zeigte sich auch jetzt sehr stark. Sie
konnte nicht im glücklichen Übermut aus sich herausgehen
wie andere Bräute, aber sie trug ihr Glück tief im Herzen
und war von einer inbrünstigen Dankbarkeit gegen das
Geschick erfüllt. Still saß sie dabei, als die beiden Männer
nun Zukunftspläne schmiedeten, und sagte zu allem freudig
ja, was der Vater bestimmte. Danach sollte die Hochzeit
schon sehr bald stattfinden. Das junge Paar sollte seinen
Wohnsitz in Lindenhof nehmen. So hieß das Landgut Rottmanns, das etwa eine Stunde von der Stadt entfernt lag und
auf dem er sonst stets einige Sommermonate verlebte. Heinz
konnte von dort jeden Tag mit dem Auto zur Stadt und ins
Geschäft fahren, dazu brauchte er nur eine gute Viertelstunde.

Im Sommer wollte dann der alte Herr immer einige
Wochen nach Lindenhof kommen, und im Winter sollte das
junge Paar, wenn es Gesellschaften besuchte, in Rottmanns
Haus zu Gast sein.

»Wenn es dir in Lindenhof zu einsam ist, Carla, kannst
du dir Gäste einladen«, sagte der Vater.

Carla nickte lächelnd. »Ich werde dann Käte und ihre
Mutter zu mir bitten, mehr Gäste brauche ich nicht, und
einsam werde ich mich bestimmt nicht fühlen.«

»Nun, das wird sich finden. Also setzen wir den Termin
eurer Hochzeit auf Anfang Dezember fest, bis dahin können
alle Vorbereitungen getroffen werden.«

Wohl fühlte Carla, daß der Vater sie möglichst bald los
sein wollte, und darin sah sie nun auch den Grund zu seiner

schnellen Einwilligung. Aber das tat ihr nicht mehr weh. Sie hatte ja nun ein Herz, an dem sie eine liebevolle Heimat fand, sie war nicht mehr einsam und verlassen.

Ein heißes Glücksgefühl stieg bei diesem Gedanken in ihr auf, und sie preßte unter dem Tisch ihre Hände zusammen wie im Gebet.

Am nächsten Vormittag brachte Heinz Salfner Carla zu seiner Mutter und seiner Schwester, um sie ihnen als seine Braut vorzustellen.

Die beiden Damen wurden freudig überrascht und gaben dieser Freude herzlichen Ausdruck. Carla wanderte aus einem Arm in den anderen und wurde geherzt und geküßt, daß ihr vor Freude die Augen feucht wurden.

Die Majorin war überzeugt, daß ihr Sohn Carla schnell genug lieben lernen würde, wenn sie nur erst seine Frau war.

Und Käte war vor Freude sehr übermütig und entzückt, daß sie nun bald an einer Hochzeitsfeier teilnehmen konnte.

»Ich werde natürlich deine Brautjungfer, Carla, und ihr müßt mir einen recht schneidigen und interessanten Brautführer aussuchen«, sagte sie.

»Keinen anderen als Rudolf Harden, Käte«, erwiderte ihr Bruder.

Sie wandte sich schnell ab, um ihre Verlegenheit zu verbergen. »Warum gerade ihn?« fragte sie anscheinend gleichmütig.

»Aber, Käte, das ist doch selbstverständlich. Rudolf würde es sehr übelnehmen, wenn du ihn nicht als Brautführer nähmst. Und ihr versteht euch doch so gut und werdet am besten vereint für Stimmung sorgen.«

Käthe hatte sich wieder in der Gewalt. »Wird er denn zu deiner Hochzeit hier sein?«

»Das würde er auch, wenn er nicht in Hamburg bleiben würde, wie er mir mitteilte.«

»Will er etwa für immer hier bleiben?« fragte Käte mit heimlichem Herzklopfen.

»Ja, er hat die Absicht, ein großes Werk über Zoologie zu schreiben. Dazu hat er seine Forschungsreise unternommen. Und im Tierpark Stellingen hat er es bequemer, weitere Studien zu machen.

»Also nur deshalb will er jetzt hier vor Anker gehen?«

»Nicht nur deshalb, er hat Heiratsabsichten.« Käte wurde sehr bleich, und ihre Augen wurden dunkel. Das bemerkte aber nur Carla.

»Ist er vielleicht schon verlobt?« vermochte Käte scheinbar ruhig zu fragen.

»Bewahre«, erwiderte Heinz lachend, »er sagte mir sehr freimütig, daß er noch keine Zeit gehabt hätte, sich nach einer Frau umzusehen. Aber nun soll es geschehen. Er sagt, das einschichtige Leben behage ihm nicht mehr. Und wenn er nun hört, daß ich mich verheiraten werde, dann wird er es mir bald nachtun. War er übrigens schon bei euch zu Besuch?«

»Nein, noch nicht.«

»Er sagte mir, daß es heute geschehen solle. Ich habe das alles gestern abend telefonisch mit ihm besprochen, gesehen habe ich ihn noch gar nicht.«

»Er sagte uns auch, daß er heute deiner Mutter und deiner Schwester seine Aufwartung machen würde«, warf Carla ein.

Sie wollte Käte Zeit geben, sich zu fassen, denn sie hatte sofort erkannt, daß Doktor Harden Käte nicht gleichgültig war. In ihrem gütigen Herzen fühlte sie mit Käte.

In diesem Augenblick läutete draußen die Wohnungsglocke.

Käte ging mit seltsam langsamen Schritten hinaus, um zu öffnen. Sie ahnte, daß es Doktor Harden sein würde, der Einlaß begehrte. Einen Augenblick stand sie draußen, die Hände fest auf das pochende Herz gepreßt. Aber dann biß sie die Zähne zusammen und suchte Trost in dem Umstand, daß Rudolf Harden ja noch gar keine Wahl getroffen hatte.

Noch war er frei, noch brauchte sie auf keine andere Frau eifersüchtig zu sein — noch nicht.

Und mit lachendem Gesicht öffnete sie die Tür und begrüßte Doktor Harden in der zwischen ihnen üblichen scherzhaften Art:

»Du trittst zur rechten Stunde, o Wandrer, bei uns ein.«

Er schüttelte ihr lachend die Hand. »Gottlob, immer noch das lustige Fräulein Käte von einst. Wenn man Ihr lachendes Gesicht sieht, lacht die Sonne noch einmal so schön. Aber wieso rechte Stunde? Hat das eine besondere Bewandtnis? Vielleicht haben Sie oder Ihre Frau Mutter Geburtstag? Gut, daß ich Blumen mitbringe.«

»Geburtstag gibt es nicht, aber vielleicht finden Ihre Blumen eine andere Verwendung.«

»Um Gottes willen, Sie haben sich doch nicht etwa verlobt, Fräulein Käte?« fragte er ehrlich erschrocken.

Sie schüttelte den Kopf. »Eine vermögenslose Majorstochter verlobt sich nicht so leicht.«

»Wenn sie so reizend ist wie Sie?«

»Schon wieder ein Kompliment!«

»Ich konstatiere nur Tatsachen. Aber — das bitte ich mir aus — ich will gefragt werden, ehe Sie sich verloben. Denjenigen, welchen, den will ich erst auf Herz und Nieren prüfen, ehe ich meine Einwilligung gebe, das sage ich Ihnen gleich, Fräulein Käte.«

Das Herz tat ihr wohl und weh zugleich.

»Gut, Herr Doktor, ich frage erst bei Ihnen an.« Jetzt lachte sie wieder fröhlich.

»Schön, abgemacht. Aber was bedeutet das nun mit der rechten Stunde?«

»Heinz ist da.«

»Hallo — nicht hinter dem Kontorpult um diese Zeit? Er sollte doch jetzt Geschäfte erledigen.«

»Es gibt im Menschenleben Augenblicke . . .«

»Fräulein Käte, ich freue mich, daß ich Heinz hier er

wische, wenn ich mich auch schon für heute abend mit ihm zu Schümann verabredet habe.«

»Was sich todsicher zerschlagen wird, Herr Doktor.«

»Wieso, warum?«

»Wird nicht verraten. Bitte, treten Sie endlich ein, Sie haben schon zu lange gewartet. Und ich lasse mich hier nicht neugierig abfragen.«

Lachend traten sie ein. Dann stutzte Harden, weil er Carla erblickte. Seine Augen strahlten auf. Seit gestern nachmittag hatte er sehr viel an Carla Rottmann denken müssen. Sie hatte einen tiefen Eindruck auf ihn gemacht.

»Mein gnädiges Fräulein«, sagte er, ihre Hand küssend, »ich freue mich, Sie heute schon wiederzusehen. Das hätte ich mir nicht träumen lassen.«

»Auch ich freue mich, Sie wiederzusehen, Herr Doktor«, erwiderte Carla.

Er sah sie strahlend an. »Wirklich? Das ist eine große Gunst für mich. Ich danke Ihnen.«

Dann wandte er sich an Heinz. Die beiden Herren faßten sich bei den Händen und sahen sich lachend an.

»Tag, Heinz! Famos, daß ich dich erwische. Deine Schwester orakelte mir draußen allerlei vor, daß sich unsere Verabredung für heute abend zerschlagen würde. Ist das wirklich zu befürchten? Du sagtest mir doch zu?«

Heinz sah lächelnd zu Carla hinüber. »Du wirst das verstehen, Rudolf, wenn ich dir sage, daß ich mich gestern abend mit Fräulein Carla Rottmann verlobt habe. Ich habe eben Mutter und Schwester meine Braut zugeführt.«

Ein ganz leises Zucken in Hardens Gesicht hätte nur einem sehr aufmerksamen Beobachter verraten, daß Doktor Harden durch diese Nachricht betroffen war. Aber er faßte sich schnell und gratulierte dem Brautpaar herzlich. Und dabei dachte er: Gottlob, daß ich diese Verlobung schon heute erfahre, sonst hätte ich mich rettungslos in Carla Rottmann verliebt. Jetzt kann ich noch Vernunft annehmen.

Er wollte sich nicht eingestehen, daß es eigentlich schon zu spät war, um noch Vernunft annehmen zu können, und daß Carlas holdes Bild, so wie er sie gestern in dem schaukelnden Boot gesehen hatte, sich schon recht fest in sein Herz gegraben hatte. Mit diesem Bild im Herzen hatte er eine Stunde später Heinz am Telefon gesagt, daß er das einschichtige Leben satt habe und sich verheiraten wolle. Vorher hatte er nicht an eine Heirat gedacht.

Aber er war ein rechtschaffener Mensch und ein treuer Freund. Er neidete Heinz die Braut nicht und wußte, daß er genug Herr über sich sein würde, um Wünsche unterdrücken zu können, die dem Freund zu nahe traten.

Heinz ahnte natürlich nicht, was in dem Freund vorging. Es wäre ihm unglaublich erschienen, daß sich ein Mann beim ersten Sehen in Carla hätte verlieben können. Denn er hätte nicht in Betracht gezogen, daß er Carla unter wesentlich anderen Umständen und mit einem sehr unvorteilhaften Äußeren kennengelernt hatte. Sie schwebte ihm immer noch vor, so wie er sie zuerst gesehen hatte, und darüber erblaßte Carlas jetzige Erscheinung.

Doktor Harden aber hatte Carlas Lieblichkeit sofort erkannt, und sie erschien ihm bezaubernder als eine laute, sieghafte Schönheit.

Nachdem er dem Brautpaar gratuliert hatte, vermochte er lächelnd zu sagen: »Nun weiß ich freilich, Heinz, daß ich heute abend nicht auf deine Gesellschaft rechnen darf, wie mir Fräulein Käte schon prophezeite.«

»Nicht wahr, Rudolf. Wir feiern heute abend im engsten Kreise unsere Verlobung«, erwiderte Heinz.

Hier nahm Carla das Wort ganz gegen ihre sonstige zurückhaltende Art. Leise sagte sie jetzt: »Du hast dich für den heutigen Abend mit Herrn Doktor Harden verabredet, und ich will nicht schuld sein, daß du deinen Freund vernachlässigst, Heinz. Und wenn unsere Verlobung heute auch nur im engsten Kreis gefeiert wird, so heißt das nicht, daß Doktor

Harden diesem engsten Kreis fernbleiben muß. Im Gegenteil, als dein bester Freund gehört er dazu. Und deshalb bitte ich Sie, Herr Doktor, heute abend unser Gast zu sein.«

Die beiden Herren sahen sie so erfreut an, daß sie fühlte, sie hatte ihnen beiden aus der Seele gesprochen. Aber noch mehr glaubte Carla, Käte einen Gefallen getan zu haben.

Doktor Harden nahm Carlas Hand und führte sie an seine Lippen. »Darf ich mich wirklich zu Ihrem engsten Kreis rechnen, mein gnädiges Fräulein?«

»Als bester Freund meines Verlobten ganz gewiß, Herr Doktor.«

Nun faßte auch Heinz ihre Hand. »Es ist sehr, sehr lieb von dir, Carla, ich danke dir herzlich. Wir waren so lange getrennt, daß ich mich sehr freue, Rudolf nicht absagen zu müssen. Und da dein Vater mir schon gesagt hat, daß ich Doktor Harden bald in euer Haus führen soll, so wird es auch ihm angenehm sein, wenn er heute abend erscheint.«

»Davon bin ich überzeugt, Heinz«, stimmte Carla bei, froh, dem Geliebten und Käte einen Gefallen getan zu haben.

»Also soll ich wirklich annehmen?« fragte Harden unschlüssig.

»Ich hoffe, du überlegst nicht lange, Rudolf.« Harden sah Käte mit einem schalkhaften Lächeln an, ahnungslos, wie brennend sie die Frage interessierte, ob er kommen würde.

»Fräulein Käte, ich will Sie als Orakel fragen. Was raten Sie mir? Soll ich kommen oder mich vornehm zurückhalten?« scherzte er.

Käte lachte schelmisch. »Vornehme Zurückhaltung ist nicht immer am Platze. Ich rate Ihnen zu kommen, wenn Sie sich nicht den allgemeinen Zorn zuziehen wollen.«

»Das will ich um keinen Preis! Also — mit tausend Freuden werde ich kommen. Aber nun muß ich erst einmal Mama Major fragen, wie sie die lange Trennung von mir ertragen hat, und ihr diesen Blumenstrauß übergeben.«

»Sehr schwer natürlich, lieber Doktor, ich habe mir gewünscht, daß Sie zu einem Plausch in der Dämmerstunde zu uns kommen möchten wie früher«, sagte die Majorin und nahm dankend die Blumen in Empfang.

»Das nehme ich natürlich, kühn wie ich bin, als Aufforderung und Erlaubnis, in Zukunft recht oft zur Dämmerstunde zu erscheinen.«

»Was uns sehr freuen wird.«

»Sie auch, Fräulein Käte? Wir haben doch so lange keinen lustigen Krieg miteinander geführt!«

»Haben Sie danach Sehnsucht, Herr Doktor?«

»Habe ich — habe ich oft gehabt. Wenn es zuweilen in meiner Gelehrtenklause oder auf Reisen im einsamen Zelt recht langweilig war, dann habe ich mir oft gedacht: Jetzt müßte Fräulein Käte Salfner mit ihren lustig blitzenden Blauaugen hier sein und ein bißchen Leben in dein einförmiges Dasein bringen.«

»Sind Sie des trockenen Tones satt, Herr Doktor? Ich denke doch, Sie erforschen mit leidenschaftlicher Inbrunst die Wunder der Natur?« neckte Käte.

»Tue ich noch immer. Aber zuweilen kommt zwischen tausend interessanten Entdeckungen auch eine langweilige Zwischenpause, und just dann fehlten Sie mir sehr.«

Käte hatte rosige Wangen und glänzende Augen. Aber sie machte einen spöttisch-übermütigen Schulmädchenknix und sagte mit drolliger Miene: »Zu viel Ehre, Herr Doktor, daß Sie zwischen Amphibien, Raubtieren und ähnlichem Viehzeug auch zuweilen meiner gedacht haben.«

Er lachte. »Also noch ganz die alte Spottdrossel! Das freut mich. Auf lustigen Krieg, Fräulein Käte!«

»Gut, wir können gleich heute abend den Anfang machen.«

»Oh, den haben wir doch eben schon gemacht. Heute abend begraben wir die Streitaxt. Auf einer Verlobungsfeier muß vollständiger Burgfriede herrschen. Man muß dem jungen Paar für später ein gutes Beispiel geben.«

»Das hast du bei uns nicht nötig, Rudolf. Meine Braut ist ein Muster an Sanftmut, und ich bin doch auch ein verträgliches Gemüt.«

»Desto besser. Ich wünsche, daß deinem Fräulein Braut und dir diese Tugenden auch in der Ehe erhalten bleiben. Aber nun will ich mich verabschieden.«

Man wollte ihn noch halten, aber er schüttelte energisch den Kopf. »Wenn ich heute abend lästig falle, ist es reichlich genug«, sagte er lachend. »Bitte, mein gnädiges Fräulein, sagen Sie mir nur noch, wann ich erscheinen soll, dann entferne ich mich.«

»Um sieben Uhr, Herr Doktor.«

»Ich werde pünktlich eintreffen.«

Damit ging er.

Als er fort war, sah Käte vom Fenster aus verstohlen seiner eleganten, schlanken Gestalt nach. Carla bemerkte einen ganz neuen, eigenartigen Ausdruck in Kätes Gesicht. Ein weicher, sehnsüchtiger Schimmer lag in ihren Augen. Und sie wußte, wem dieser Schimmer galt. Weil sie selbst glücklich war, hätte sie auch die Freundin gern glücklich gesehen, und sie dachte: Wenn Doktor Harden heiraten will, soll er nicht so weit suchen. Eine bessere und reizendere Frau als Käte kann er nicht finden.

Und sie nahm sich vor, diese beiden Menschen soviel wie möglich einander nahezubringen. Vielleicht konnte sie ein wenig Vorsehung spielen.

Das Brautpaar blieb noch ein Stündchen bei der Majorin und ihrer Tochter. Die Hafenfahrt war natürlich von den beiden jungen Damen für heute aufgegeben worden. Heinz berichtete, wann die Hochzeit stattfinden sollte und daß er mit Carla in Lindenhof wohnen würde. Die Damen lauschten interessiert. Und Käte sagte darauf seufzend: »Dann wirst du mir nun unerreichbar sein, liebe Carla. Ich werde dich sehr vermissen.«

Carla legte den Arm um sie. »Lindenhof ist sehr geräumig, Käte, wir haben verschiedene hübsche Gastzimmer. Und mein Vater hat mir schon geraten, mir Gäste einzuladen, falls ich mich langweile. Heinz wird ja den ganzen Tag im Geschäft sein müssen, und da würde ich viel allein sein. Deshalb habe ich mir schon gedacht, daß ich dich und Mama als Dauergäste zu mir bitten werde. Und damit wir auch männliche Gesellschaft haben, werde ich Doktor Harden bitten, einige Zeit unser Gast zu sein. Was meinst du, Heinz, würde er das annehmen?«

Heinz küßte ihr gerührt die Hand.

»Du bist wie eine gütige Fee, Carla, und streust großmütig deine Gaben aus. Mutter und Käte werden mit Freuden dabei sein und Doktor Harden sicher auch, wenn du ihm einen bequemen Studierwinkel garantierst, wo er ungestört an seinem Werk schreiben und Experimente machen kann.«

»Das soll er haben, Heinz.«

Nochmals küßte er ihre Hand. Er wußte und fühlte, daß Carla alles tat, um ihm eine Freude zu machen.

Käte und ihre Mutter waren tief bewegt durch Carlas Anerbieten. Die alte Dame bekam feuchte Augen, und Käte wurde glühendrot, als Carla auch Doktor Hardens Einladung in Aussicht stellte.

»Wie sollen wir dir nur danken, Carla?« sagte Käte.

Carla wehrte verlegen ab. »Nicht danken, ich brauche euch ja so notwendig. Nicht nur zur Gesellschaft. In Lindenhof gibt es im Sommer und Herbst so viel zu tun. Ihr könnt mir helfen, Obst und Gemüse einzukochen, und werdet auch sonst ganz gewiß nicht überflüssig sein.«

So gab sich Carla in ihrer Güte wieder den Anschein, als würden ihr die Damen mit der Annahme ihrer Gastfreundschaft einen Gefallen tun. Sie freute sich, daß sie auf den Einfall gekommen war, auch Doktor Harden nach Lindenhof einzuladen — Kätes wegen.

Die Zeit bis zu Carlas Hochzeit verging in rasender Eile.

Sie war fast den ganzen Tag unterwegs, um ihre Aussteuer einzukaufen. Käte und ihre Mutter mußten sie begleiten und ihr aussuchen helfen. Möbel und Wirtschaftswäsche sowie sonstige zum Haushalt nötige Dinge brauchte sie nicht anzuschaffen. Das Landhaus in Lindenhof war komplett eingerichtet und mit allem versehen. Carla brauchte nur ihre persönliche Aussteuer einzukaufen.

Sie fuhr auch einige Male mit ihrem Vater und Heinz hinaus nach Lindenhof, um Anordnungen zu treffen. Das im englischen Cottagestil gehaltene Landhaus lag inmitten eines riesigen Gartens, in dem hauptsächlich Obstbäume, Spalierobst und Gemüse gezogen wurden. Ein Gärtner mit seiner Frau und einem erwachsenen Sohne hielt diesen Garten in Ordnung. Zuweilen, wenn viel Arbeit nötig war, wurden auch eine Anzahl Tagelöhner angestellt.

Alle Arten Edelobst und die besten und feinsten Gemüse wurden auf Lindenhof geerntet. Außerdem waren in sauberen Ställen, die abseits lagen, einige Pferde, Kühe, Schweine, Hühner, Gänse und Tauben untergebracht. Alles, was an landwirtschaftlichen Erzeugnissen im Haushalt Rottmanns gebraucht wurde, kam von Lindenhof. Was nicht verbraucht wurde, brachte man nach Hamburg zum Verkauf.

Hinter den Wirtschaftsgebäuden, denen jetzt auch eine Autogarage angegliedert worden war, lagen Kartoffel- und Getreidefelder, die zu Lindenhof gehörten, jedoch nicht mehr, als zur Versorgung eines großen Haushaltes nötig war.

Ein kleiner Teil des riesigen Gartens, und zwar der dicht am Hause gelegene, war auch mit Blumen und Ziersträuchern bepflanzt. Hier standen auch große Linden und Kastanien, die wohltuenden Schatten spendeten. Unter breitästigen Lindenbäumen stand auch ein reizender achteckiger Pavillon, der mit großen Glasfenstern versehen und mit Korbmöbeln ausgestattet war.

Carla erinnerte sich gern, daß sie in ihrer Kinderzeit jeden Sommer mit der Mutter monatelang in Lindenhof gewesen war. Mit kindlichem Vergnügen hatte sie stets bei der Obsternte geholfen.

Außer dem Gärtner und seiner Familie gab es noch einen Kutscher, der zugleich Chauffeur war, und eine Wirtschafterin nebst zwei Hausmädchen, die den Haushalt in peinlichster Ordnung hielten. Diese Dienerschaft sollte nun Carla mit übernehmen.

Sie ging während dieser Besuche prüfend durch das ganze Haus und traf ihre Anordnungen. Im ganzen wollte sie alles unverändert lassen. Carla wählte für sich die ehemals von ihrer Mutter bewohnten Zimmer, und für Heinz wurden die Zimmer in Ordnung gebracht, die sonst Fritz Rottmann bewohnt hatte. Dieser behielt sich für die Zukunft nur einige Gastzimmer vor, falls er im Sommer hier Aufenthalt nahm. Die Gastzimmer nahmen den ganzen zweiten Stock ein und waren, wie das ganze Haus, sehr elegant und behaglich eingerichtet. Wirtschaftsräume und Dienstbotenzimmer befanden sich im Kellergeschoß, die Gesellschaftsräume im Hochparterre und die Zimmer für Carla und Heinz im ersten Stock.

Zu den Gesellschaftsräumen gehörten ein großer Speisesaal, ein Musikzimmer, ein Empfangszimmer und ein großer Wintergarten, der im Halbrund an der Südseite angebaut war. Über dem Wintergarten befand sich vor Carlas Wohnzimmer eine große, ebenfalls halbrunde Halle, die auf schlanken Säulen ein Kuppeldach trug. Von hier hatte man einen herrlichen Ausblick auf die Elbe. An fast alle Parterreräume grenzte eine breite Veranda mit steinernen Grundmauern und Balustraden. Die südliche Hauswand war ganz mit Pfirsichspalier bedeckt, das sich bis über die erste Etage hinaufzog. Es lieferte im Frühherbst die herrlichsten Pfirsiche. Carla konnte noch jetzt vom Fenster aus welche abpflücken. Sie waren köstlich reif, und Carla füllte

damit ein Körbchen, das sie für Käte und ihre Mutter mit-
nehmen wollte. Jedenfalls war dies reizende Landhaus ein
schönes, vornehmes Heim für das junge Paar.

Es machte Carla viel Freude, hier draußen alles nach
ihrem Wunsch bestimmen zu dürfen. Sie fühlte, daß sie sich
hier mehr zu Hause fühlen würde als im Stadthaus ihres
Vaters.

An einem schönen Spätherbsttage forderte sie auch die
Majorin und Käte auf, sie nach Lindenhof zu begleiten. Die
beiden Damen durften sich die Gastzimmer auswählen, die
sie im nächsten Frühjahr beziehen sollten. Die Sommermonate sollten sie ganz auf Lindenhof verleben und auch in
der übrigen Zeit oft zu Besuch kommen.

Käte und ihre Mutter waren hocherfreut und dankten
Carla immer wieder für ihre Güte, was diese jedoch heftig
abwehrte.

»Ich sage euch doch immer wieder, daß ich euch nötig
brauche, hauptsächlich im Sommer, wo es hier viel zu tun
gibt«, sagte sie.

Käte umarmte und küßte sie. »Ich bin auch furchtbar
tatendurstig und will bei der Obsternte und beim Einkochen
schon meinen Mann stellen. Das werden lauter Festtage für
uns; ich freue mich — ich freue mich«, jubelte sie.

Sie fand Lindenhof entzückend.

So verging die Zeit bis zur Hochzeit des jungen Paares im
Fluge. Heinz und Carla hatten kaum Zeit, miteinander zusammenzukommen. Sie sahen sich meist nur des Abends
auf ein Stündchen, und so lernte Heinz seine Braut auch in
dieser Zeit nicht viel besser kennen als zuvor.

Er ging noch immer mit ziemlich blinden Augen an ihren
Reizen vorüber, obwohl Carla in dieser für sie glückseligen
Zeit überraschend aufblühte. Wohl stutzte er zuweilen,
wenn sie, was selten geschah, einmal aus sich herausging,
aber gleich darauf konnte sie wieder scheu, mit nieder-

geschlagenen Augen vor ihm sitzen. So lieb sie ihn hatte, verschloß sie doch noch immer ihre Gefühle in mädchenhafter Zurückhaltung.

Gegen alle anderen Menschen konnte sie sich jetzt ungezwungen geben, auch gegen Doktor Harden, der nicht ohne Gefahr für seine Seelenruhe immer wieder in Carlas liebes Gesicht sah. Nur gegen ihren Vater und ihren Verlobten konnte sie sich nicht frei und sicher geben. Vor dem Vater verschloß sie ihre Seele, weil sie wußte, daß er ihr im Herzen fremd gegenüberstand, und vor Heinz, weil sie ihn zu sehr liebte, als daß sie es ihm hätte zeigen mögen. Doktor Harden kannte sie viel besser als diese beiden ihr nahestehenden Männer, und er war nach wie vor so entzückt von ihr, daß er es sich nicht versagen konnte, so oft wie möglich ihre Nähe zu suchen. Er wußte nun von Heinz selber, daß dieser Carla nicht aus Liebe gewählt hatte, und so sagte er sich, was er für Carla empfand, könne den Freund nicht berauben, zumal er sich unbedingt in der Gewalt hatte und Carla nichts merken ließ.

Diese wäre auch nie auf den Gedanken gekommen, daß sie der Herzensruhe des Doktor Harden gefährlich werden könne. Sie zog ihn viel in ihre Nähe, wenn auch Käte anwesend war, und sah in ihm nur den Mann, den Käte liebte und der ihres Verlobten Freund war.

Die Hochzeit mußte dann doch noch bis zum 20. Dezember verschoben werden, weil man mit den nötigen Vorbereitungen nicht früher fertig war.

Carlas Glückshimmel hatte bis dahin kein Wölkchen getrübt. Nie war ihr ein Zweifel an Heinz Salfners Liebe gekommen. Daß er jetzt nicht viel Zeit für sie hatte, war ihr verständlich, war sie doch auch durch tausend Kleinigkeiten in Anspruch genommen. Sie meinte, das würde alles anders werden, wenn sie erst beide in Lindenhof allein wären. Dann würde das volle reiche Glück seinen Einzug halten.

Und sie träumte zuweilen von diesen kommenden Glückstagen und konnte es kaum fassen, daß sie ihr beschieden sein würden.

VII

Die Hochzeitsfeier wurde in einem der ersten Hotels gefeiert. Käte Salfner hatte wirklich Doktor Harden zum Brautführer bekommen. Sie war in sprühendster Laune, wenn auch zuweilen ein sehnsüchtiger Schimmer in ihren Augen lag. Nie — niemals würde ihr Haar ein Brautkranz schmücken, nie würde sie so glücklich sein wie Carla.

Käte wußte nicht, daß ihr Bruder Carla nicht aus Liebe gewählt hatte. Sie fand diese so liebenswert, daß es ihr selbstverständlich schien, daß der Bruder sie liebte. Und so sehr sie Carla ihr Glück gönnte, erfüllte ihr Herz doch eine leise Wehmut, daß ihr selbst nie ein solches Glück beschieden sein würde.

Diese Stimmung verbarg sie aber unter lustigen Neckereien. Nur fiel es ihr auf, daß Doktor Harden heute nicht ganz so vergnügt war wie sonst immer. Manchmal sah er ganz versonnen vor sich hin. Käte konnte sich das nicht erklären, aber einmal folgte sie seinem Blick, der selbstvergessen und mit einer seltenen Inbrunst an Carlas Gesicht hängenblieb, das unter dem Schleier und Myrthenkranz einen neuen Reiz für ihn hatte. Da wurde es dunkel vor Kätes Augen, und sie hätte am liebsten vor Schmerz laut aufgeweint. Aber sie preßte die Lippen zusammen und gab sich den Anschein, nichts gemerkt zu haben.

Nun wußte sie, weshalb Rudolf Harden nicht in froher Stimmung war.

Carla hatte nichts von einer Hochzeitsreise wissen

wollen. So hatte das Brautpaar beschlossen, sich gleich von der Hochzeitsfeier nach Lindenhof zu begeben.

Als der Abend herabsank, begab sich Carla in das für sie reservierte Hotelzimmer, um sich für die Fahrt nach Lindenhof umzukleiden. Es lag dort alles für sie bereit. Ihr Verlobter blieb noch eine Weile an der Tafel sitzen. Aber dann wurde der Saal zum Tanz geräumt, und Heinz erhob sich, um sich auch langsam zurückzuziehen. Dabei traf er auf seinen Schwiegervater.

»Carla kleidet sich wohl um?«

»Ja, Vater.«

»Und du willst jetzt auch aufbrechen. Ich möchte aber vorher einige Worte mit dir sprechen. Hier sind wir nicht ungestört. Bitte, komm in zehn Minuten in das Lesezimmer. Das ist jetzt leer.«

»Es soll geschehen, lieber Vater!«

»Dann auf Wiedersehen, mein Sohn.«

Sie nickten sich zu und trennten sich, um hier und da ein paar Worte mit den Hochzeitsgästen zu sprechen.

Inzwischen war Carla mit ihrer Toilette fertig geworden. Sie wollte es vermeiden, nochmals mit jemand von der Hochzeitsgesellschaft zusammenzutreffen. Aber ihrem Vater hätte sie gern noch ein Abschiedswort hinterlassen. Und so huschte sie verstohlen ins Lesezimmer, als sie fertig war. Dort hatte sie ein Schreibpult stehen sehen. Und sie schrieb:

»Lieber Vater! Ich will nicht von Dir gehen, ohne Dir zu sagen, daß ich Dir innig danke für all die Güte, die Du mir in letzter Zeit erwiesen hast, und für das große Glück, das Du mir geschenkt hast. Ich will Dir sagen, daß Du hundertfältig gutgemacht hast, was Du früher versäumtest. So glücklich bin ich, daß Heinz Dir einen Sohn ersetzt und daß Du ihn liebhast. Hab auch mich ein wenig lieb, Vater! Deine Carla.«

Das Briefchen steckte sie in ein Kuvert und wollte es

einem Kellner zur Besorgung an ihren Vater übergeben. Aber gerade, als sie das Lesezimmer verlassen wollte, hörte sie draußen Schritte. Da sie niemand begegnen wollte, zögerte sie, und als sie merkte, daß jemand auf das Lesezimmer zukam, huschte sie in eine der tiefen Fensternischen, die mit Vorhängen vom Zimmer abgeschlossen waren. Hinter einem dieser Vorhänge verborgen, blieb sie lautlos stehen, hoffend, daß nur ein flüchtiger Besucher das Zimmer betreten würde.

Ohne in das Zimmer zu sehen, hörte sie jemand eintreten. Und gleich darauf ging die Tür schon ein zweites Mal, und es trat noch jemand ein. Und nun hörte sie die Stimme ihres Vaters sagen:

»Da bist du ja schon, Heinz. Ich bat dich noch einmal hierher, um dir zu danken, daß du meinen Herzenswunsch erfüllt hast. Als ich dir damals in Konstanz, ehe du Carla kennenlerntest, sagte, daß ich sehnlichst wünschte, daß du mein Sohn würdest, merkte ich wohl, daß es dich große Überwindung kostete, auf meinen Wunsch einzugehen. Daß du es dennoch getan, vergesse ich dir nicht.«

Carla hatte sich erst bemerkbar machen wollen, als sie hörte, daß ihr Gatte und ihr Vater die Eingetretenen waren, aber bei den Worten ihres Vaters stutzte sie und blieb dann bei der ferneren Unterhaltung wie erstarrt sitzen. Mit einem Gefühl der Lähmung hörte sie so alles, was zwischen den beiden Männern gesprochen wurde.

Heinz erwiderte mit warmer Stimme:

»Du sollst mir nicht danken, lieber Vater, ich hätte dir auch ein größeres Opfer gebracht, um dir meine Dankbarkeit zu beweisen. Es hat mich gar nicht so viel Überwindung gekostet, deinen Wunsch zu erfüllen. Carla ist doch ein liebenswerter Mensch. Wenn mich etwas quält in dieser Angelegenheit, so ist es nur die Erkenntnis, daß ich Carla nicht so lieben kann, wie sie es verdient und wie ein Mann die Frau lieben soll, die er heimführt, und ich würde noch mehr darunter leiden, wenn ich dir nicht immer die Wahrheit gesagt hätte. Du nahmst es nicht so wichtig wie ich, aber mich schmerzt es. Carla liebt mich, und deshalb stehe ich beschämt vor ihr — mit leeren Händen. Gott mag geben, daß ich sie wenigstens glücklich machen kann. Auch ich bin jetzt der Ansicht, daß es das beste ist für Carla, wenn sie nie erfährt, daß ich mich ihr nur auf deinen Wunsch näherte. Erst quälte mich, daß ich es ihr nicht offen sagen durfte, aber nun ich weiß, wie sehr sie mich liebt, bin ich doch zu der Einsicht gekommen, daß es besser ist, sie weiß es nicht. Ich werde natürlich, das sage ich dir heute noch einmal, alles tun, was in meinen Kräften steht, um Carla glücklich zu machen, ihr wenigstens die Illusion ihres Glücks zu erhalten, und mein innigster Wunsch ist, daß aus Sympathie und Hochachtung, die ich für sie fühle, eines Tages eine echte, wahre Liebe wird.«

»Das wird sich schon alles finden, Heinz. Wir wollen doch nicht sentimental werden. Carla bekommt einen ehrenhaften, tüchtigen Mann von vornehmer Gesinnung, und ich bekomme den heißersehnten Sohn, um den mich das Schicksal betrogen hatte. Die Firma Rottmann wird nach meinem Tod einen würdigen Nachfolger bekommen. Dir, mein Sohn, kann ich in Ruhe das alte, stolze Handelshaus in die Hände legen. Das ist die Hauptsache. Nimm es darum nicht tragisch, daß du für Carla keine große Leidenschaft empfinden kannst. Wie wenig Liebesheiraten gibt es heutzutage noch. Ihr werdet euch in der Ehe schon zusammenfinden, und ich hoffe, daß ihr mir bald einen männlichen Stammhalter bringt. Dann bindet euch ein festeres Band als eine leidenschaftliche Verliebtheit, die oft schnell genug in Nichts zusammenfällt. Und nun komm, Carla wird fertig sein und auf dich warten. Grüße sie noch einmal von mir, ich werde sie nicht mehr sehen, ehe ihr abfahrt. Und Glück auf den Weg!«

»Ich danke dir, lieber Vater.«

Die Tür wurde wieder geöffnet und geschlossen, und die Stimmen verklangen. Carla saß noch eine ganze Weile wie gelähmt und starrte mit toten, leeren Augen vor sich hin. Sie hatte jedes dieser Worte gehört, die erbarmungslos nun die Binden von ihren Augen rissen. Nun wußte sie, daß Heinz nicht aus Liebe und nicht aus eigenem Antrieb um sie geworben hatte. Er hatte sie nur auf Wunsch ihres Vaters zur Frau begehrt, weil dieser in ihm einen Sohn haben wollte, einen Erben für die Firma. Das war wichtiger, viel wichtiger als ihr bißchen Menschenglück. Es schien ihr, als sei ein unerhörter Betrug an ihr verübt worden, als habe man ein frevles Spiel mit ihren heiligsten Gefühlen getrieben. Herzlos hatte der Vater darüber hinweggesehen, daß der Mann, der sie nach seinem Willen heimführt, sie nicht liebte, er hatte sie preisgegeben, verkauft, um einen Sohn. Sie war ja nur ein Mädchen, ein ganz unwichtiges Lebewesen in den Augen ihres Vaters. Sie hätte aufschreien mögen in wilder Qual. So erniedrigt und gedemütigt erschien sie sich, daß sie am liebsten geflohen wäre, gleichviel, wohin. Nur Heinz nicht wieder ins Gesicht sehen, nicht in seinen Augen die schreckliche Gleichgültigkeit, oder schlimmer noch, die Lüge zu sehen.

Aber wo sollte sie hinfliehen, was sollte sie tun?

Eine tiefe, qualvolle Verbitterung füllte ihre Seele, daß der Vater, der sie ihr ganzes Leben lang darunter leiden ließ, daß sie nur ein Mädchen war, jetzt alles Mädchenhafte in ihr bis in den Staub demütigte, indem er sie einem Mann antrug. Was war sie denn in ihres Vaters Augen, wie furchtbar gering bewertete er sie? Eine Last war sie ihm immer gewesen, die jetzt nur einige Geltung bekam als Mittel zum Zweck.

Dazu hatte er sie also nach langen, einsamen Jahren nach Hause kommen lassen, damit sie ihm half, einen Sohn nach seinem Herzen zu bekommen. Nun hatte sie ihm dazu verholfen, und nun konnte sie wieder in das dunkle Nichts zurückkehren. Er brauchte sie nicht mehr. Deshalb verbannte er sie auf sein Landgut.

Die Bitterkeit drohte sie zu ersticken, und der verletzte Stolz regte sich und steifte ihr den Nacken. Vorbei war es plötzlich in ihrem Herzen mit der demütigen Duldung. Am liebsten wäre sie nun in wilder Empörung hinuntergelaufen in den Festsaal, wo man ihre Schmach feierte, und hätte dem Vater ihren Schmerz als Anklage ins Gesicht geschrien. Aber sie fürchtete sich vor den vielen gleichgültigen Gesichtern, die verständnislos auf ihren Schmerz blicken würden.

Wie lange sie so gesessen in ihrer qualvollen Not, wußte sie nicht. Sie raffte sich endlich auf und wankte aus dem Zimmer.

Es war aber eine andere, ganz andere Carla, die das Zimmer verließ, als jene, die es betreten hatte. Alle demütige Schüchternheit war von ihr gewichen. Sie reckte sich hoch auf und schien gewachsen zu sein. Eine feine Falte grub sich in ihre Stirn, und die Zähne bissen sich fest aufeinander. Als ein beleidigtes Weib verließ sie das Zimmer, das ihrer Erniedrigung und Demütigung nur einen starren Stolz entgegensetzen konnte.

Wie sie die nächsten Minuten überstand, hätte sie später nicht zu sagen gewußt. Mit fest zusammengepreßten Lippen ging sie die Treppe hinunter. Unten im Vestibül sah sie Heinz, ihrer harrend, stehen. Neben ihm wartete ein Diener mit ihrem Pelzmantel über dem Arm.

Eine Sekunde schwankte sie haltlos und faßte das Treppengeländer. Es dunkelte vor ihrem Blick. Aber das währte nur Sekunden, dann hatte sie sich wieder in der Gewalt und richtete sich stolz empor.

So schritt sie vollends die Treppe hinab.

Heinz kam ihr entgegen und legte ihr den Pelzmantel um die Schultern, den er dem Diener abnahm. Und er sah sie staunend an, wie sie in königlicher Haltung vor ihm stand und sich dann von ihm zu dem wartenden Auto führen ließ.

Ritterlich half er ihr beim Einsteigen und breitete eine Pelzdecke über ihre Knie. Sie lehnte sich stumm und blaß zurück. Nun stieg auch er ein. Der Diener schloß den Wagen, und sie fuhren davon.

Heinz sah von der Seite in Carlas blasses Gesicht, aber sie saß mit geschlossenen Augen und rührte sich nicht.

Das hielt er für mädchenhafte Befangenheit, und er störte sie nicht. Sie sollte erst die Scheu vor dem Alleinsein mit ihm überwinden.

Er selbst war auch etwas befangen und wußte nicht, wie er sich ihr gegenüber verhalten sollte. So legten sie den Weg stumm zurück. Und als der Wagen in Lindenhof hielt, atmeten sie beide auf.

Wieder bemühte er sich ritterlich um seine junge Frau und führte sie in das Haus, das jetzt in winterlichen Schnee gebettet lag. Im Vestibül stand die Dienerschaft mit Blumen in den Händen, und Blumen waren auf den Weg des jungen Paares gestreut.

Mit großen, starren Augen ging Carla an der Dienerschaft vorüber, nahm die Blumen mit einem stummen Dank und nickte ebenso stumm, als ihr die Wirtschafterin sagte, daß im Salon der gnädigen Frau der Teetisch gedeckt sei, falls die Herrschaften zur Erwärmung eine Tasse Tee zu trinken wünschten.

Während Heinz dann seiner Frau den Pelzmantel und die Blumen abnahm, die er einem Diener mit der Weisung übergab, sie in Vasen aufzustellen, fragte die Wirtschafterin weiter, ob die Herrschaften noch Befehle hätten. Carla verneinte mit blassen Lippen und legte ihre Fingerspitzen auf den Arm ihres Gatten, der sie hinauf in ihren Salon führte.

Dieser behaglich erwärmte Raum bot ein entzückendes Bild. An dem Kamin stand der reizend arrangierte Teetisch. Unter dem silbernen Teekessel brannte eine bläuliche Flamme, und das Wasser sang darin eine leise Melodie. Neben dem Tisch stand eine große Stehlampe mit einem riesigen roten Seidenschirm. Sie verbreitete ein rötliches Licht. Die zierlichen, mit hellgrünem Seidendamast bezogenen Möbel im Empirestil, der große, weiche Smyrnateppich und die Gardinen und Stores waren wie mit rötlichen Lichtern überstreut. Es war ein Raum, der wohl geeignet war, ein junges, glückliches Paar aufzunehmen zur ersten traulichen Stunde am häuslichen Herd.

»Trinkst du eine Tasse Tee, Carla?« fragte Heinz, um ein unbefangenes Gespräch zu beginnen.

Sie schüttelte nur den Kopf und trat, das Gesicht von ihm abgewandt, an das Fenster. Die Hände krampfhaft verschlungen, starrte sie hinaus in den winterlich verschneiten Garten.

Nun trat Heinz lächelnd hinter sie und schloß sie ohne ein Wort in seine Arme. Da zuckte sie wie unter einem Schlage zusammen. Sie riß sich los, aus ihrer Erstarrung erwachend, und trat mit einer stolz abwehrenden Bewegung von ihm zurück.

»Laß das!« stieß sie zitternd hervor.

Mehr erstaunt als erschrocken sah er sie an. »Aber Carla — was ist dir?«

»Nichts — nichts!« stieß sie zwischen den Zähnen hervor. »Ich will nur gleich in dieser Stunde unseren Standpunkt zueinander feststellen. Ich heiße deine Frau, aber ich bin es nicht. Wir haben mit unserer Heirat meines Vaters Wunsch erfüllt. Ich gab ihm damit einen Sohn, du wurdest ihm einer. Schön! Damit ist unsere Aufgabe gelöst. Aber hiermit ist auch die Grenze dessen erfüllt, was ich zu leisten vermag.«

Jetzt sah er ehrlich erschrocken in ihre düster flammenden Augen, in ihr völlig verändertes todblasses Gesicht. Beunruhigt wollte er ihre Hand fassen.

»Carla — was ist dir?« fragte er beklommen. Sie barg die Hände auf dem Rücken und richtete sich stolz auf.

»Beleidige mich wenigstens nicht mit erlogenen Zärtlichkeiten. Ich bin ohnedies schon bis in den Staub gedemütigt«, sagte sie mit verhaltener Stimme, aus der eine tiefe Erregung zitterte.

Er wußte nicht, was dieses sonst so schmiegsam-demütige Geschöpf plötzlich so verändert hatte. Auch er war nun bleich geworden.

»Carla, willst du mir nicht endlich sagen, was dich plötzlich so sehr verändert hat?«

Mit einer müden Bewegung strich sie sich über die Stirn und lehnte sich wie kraftlos an die Wand des Zimmers.

»Ja, ich will es dir sagen, damit es klar zwischen uns wird. Ich befand mich im Lesezimmer, als du mit meinem Vater die letzte Unterredung hattest, und habe gehört, wie unsere Heirat zustande kam. Nur wenige Stunden früher hätte ich es erfahren müssen, dann hätte ich das Ja vor dem Altar nicht gesprochen. Ihr habt bedauerlich wenig Umstände gemacht mit dem weltfremden dummen kleinen Mädel, das nur ein Faktor in euren Plänen war. Dir will ich nicht einmal einen Vorwurf daraus machen, du warst mir ja ein Fremder, als du auf meines Vaters Plan eingingst. Aber mein Vater — er verkaufte mich, um einen Sohn einzutauschen.«

Wie gelähmt stand Heinz ihr gegenüber. Voll tiefen Mitleids sah er in ihr zuckendes Gesicht, das ihm ganz fremd erschien, so gereift und bedeutend, wie er es nie für möglich gehalten hatte.

»Carla — um Gottes willen, Carla, ich bin außer mir vor Entsetzen! Was gäbe ich darum, hätte ich dir diesen Schmerz ersparen können.«

«Das will ich dir glauben, ich habe dir ja nie etwas zuleide getan. An niedrige, unedle Motive zu deiner Handlungsweise kann ich nicht glauben. So sehr kann sich mein törichtes Herz doch nicht getäuscht haben, daß es sich einem Mann zu eigen gab, der einen niedrigen Charakter besitzt. Du hast wohl aus Dankbarkeit gegen meinen Vater in alles eingewilligt, vielleicht auch in Sorge um deine Mutter und Schwester. Aber das ändert nichts an der Sache, daß an mir ein grausamer Betrug verübt wurde. Wir sind nun leider nach dem Gesetz Mann und Frau. Und — einen Skandal will ich vermeiden, meinetwegen und deinetwegen. So laß uns ruhig nebeneinander gehen, bis sich ohne großes Aufsehen ein Weg zur Trennung findet. So viel Hochachtung verlange ich von dir, daß du dich mir gegenüber nicht zu einer Komödie zwingst, die uns beide entwürdigt.«

Heinz hatte die Zähne wie im Krampf zusammengebissen. Er starrte Carla an, als fasse er nicht, daß dies dieselbe Carla war, die er für ängstlich, für langweilig und unbedeutend gehalten hatte. Zum ersten Mal sah er mit einem aufgeschreckten Interesse in ihr Gesicht, und dies Gesicht war ihm fremd und erschien ihm schön in seiner stolzen Erbitterung, in seinem zornigen Schmerz.

»Carla«, stöhnte er auf, »wüßtest du, wie beschämt ich vor dir stehe. Nie in meinem Leben habe ich vor einem Menschen die Augen niederschlagen müssen, nie bin ich mir so klein und gedemütigt erschienen.«

Sie krampfte die Hände zusammen, und ein tiefes Weh zuckte über ihr Gesicht. Nie hatte sie ihn so sehr geliebt wie in dieser Stunde, da er ihr so beschämt gegenüberstand.

»Dann ergeht es dir wie mir. Auch ich bin mir nie so gedemütigt erschienen wie jetzt. Viel Stolz hatte mein Vater mir nicht übriggelassen, er hat immer dafür gesorgt, daß ich mir gedemütigt erschien, weil ich ›nur‹ ein Mädchen war. Jetzt hat er mich aber in meinem innersten Sein getroffen. Alles andere hätte ich ihm verziehen; was er mir jetzt angetan hat, verzeihe ich ihm nie! Mit meinen heiligsten Gefühlen hat er seinen Spott getrieben.« In ihr bebte alles vor verhaltener Erregung. Aufatmend richtete er sich empor.

»Trotz allem hat er es gut mit dir gemeint, Carla. Er hat nicht geahnt, wie tief er dich verwunden würde. Auch ich habe das nicht gewollt. Glaube mir, wenn ich eine Ahnung von deinem innersten Wesen gehabt hätte, das du mir jetzt erst entschleierst, dann hätte ich nie gewagt, dich an mich zu fesseln, ohne dir die volle Wahrheit zu sagen. Vielleicht hätte ich dann auch ganz anders für dich empfunden. Du hast meine Unterredung mit deinem Vater gehört, so mußt du auch vernommen haben, wie ich darunter gelitten habe, daß ich nicht ehrlich zu dir sein durfte. Dein Vater wollte es nicht, weil er glaubte, du könntest weniger glücklich werden. Auch ich glaubte schließlich, es sei besser, dir die Illusion deines Glückes zu erhalten. Viele Frauen und Männer heiraten ohne Liebe und werden doch in der Ehe glücklich. Ich hoffte, es sei in meine Macht gegeben, dich glücklich zu machen, und ich hatte wahrlich den ernsten Willen dazu. Daß es mir mißlungen ist, bedrückt mich sehr. Ich wage es nicht, dich um Verzeihung zu bitten, aber ich bitte dich, gib mir Gelegenheit, gutzumachen. Kein Opfer soll mir zu groß sein, dir deine Ruhe wiederzugeben. Lege mir die schwersten Proben auf, alles will ich tun, was du von mir verlangst. Ich kann ja jetzt nichts anderes mehr für dich tun.«

In diesen Worten lag so viel Wärme und ehrlicher Kummer, daß ihr Herz erzitterte. Sie mußte sich gegen den Einfluß wehren, den er auf sie ausübte, sonst hätte sie sich weinend in seine Arme gestürzt und hätte ihm gesagt: »Ich kann es nicht ertragen, daß du leidest, alles verzeihe ich dir.« Ihren ganzen Stolz mußte sie zu Hilfe rufen. Sie atmete gepreßt.

»So laß uns vorläufig ruhig nebeneinander leben, es braucht niemand zu wissen, wie wir zueinander stehen, auch deine Mutter und Schwester nicht. Ob du es meinem Vater eröffnen willst, steht bei dir. Der Dienerschaft dürfen wir vor allen Dingen kein Schauspiel geben. Vor der Öffentlichkeit müssen wir die Rolle eines Ehepaares spielen. Ich erwarte von dir, daß du es mir leicht machst. Das weitere können wir morgen besprechen. Ich möchte jetzt allein sein, um mich erst selbst wiederzufinden.«

Sie wollte rasch hinausgehen. Da vertrat er ihr den Weg und sah sie mit brennenden Augen an.

»Kannst du mir verzeihen, Carla? Bitte, gib mir deine Hand zum Zeichen, daß du es tust. Ich schäme mich unsagbar vor dir und weiß nicht, wie ich darüber hinwegkommen soll, wenn du mir nicht verzeihst.«

Sie zögerte einen Augenblick, aber als sie in sein gequältes Gesicht sah, reichte sie ihm ihre kalte, zitternde Hand.

Er preßte seine Lippen darauf, und dann sah er sie an mit einem Blick, wie er sie noch nie angesehen hatte, und stieß erregt hervor:

»Warum hast du dich mir nie zuvor so gezeigt, wie du wirklich bist? Es wäre alles anders geworden.«

Ein bitteres Lächeln zuckte um ihre Lippen. »Ich habe ja nie den Mut gehabt, ich selbst zu sein. Wie sollte ich den finden, da ich wußte, daß mein eigener Vater in mir nur eine Last sah? Und was hätte das auch an unserem Verhältnis geändert? Liebe läßt sich nicht erzwingen.«

Sie nickte ihm zu mit einem müden Lächeln und verließ rasch das Zimmer. Mit schnellen Schritten suchte sie ihr Schlafzimmer auf und schloß sich darin ein. Gebrochen sank sie auf dem Diwan zusammen und barg das Gesicht in den Händen.

Heinz hatte ihr mit brennenden Blicken nachgesehen. Ein ganz neues Wesen war sie in dieser Stunde für ihn geworden, und es kam ihm zum schmerzenden Bewußtsein, daß er etwas Köstliches verloren hatte. Ohne daß er es gemerkt hatte, war sie ihm teuer geworden. Und nun er sie verloren hatte, erkannte er erst ihren vollen Wert. Er warf sich in einen Sessel und brütete vor sich hin. Und es war eine heiße Sehnsucht nach ihrem Besitz in ihm aufgewacht, die ihm alle Herzensruhe nahm.

VIII

Monate waren vergangen.

Heinz und Carla hatten nebeneinander dahingelebt wie zwei Menschen, die über eine unsichtbare Mauer hinweg miteinander verkehren. Niemand ahnte, wie es um sie stand. Sie erzeigten einander alle Rücksichten, machten bei den gemeinsamen Mahlzeiten höfliche Konversation, machten miteinander die nötigen Besuche und empfingen solche, aber sonst hatten sie einander scheinbar nichts zu sagen. Und dabei hatten sie doch beide das Herz so voll.

Zuweilen machte Heinz einen leisen Versuch, diesen förmlichen Ton zu durchbrechen, aber dann zog sich Carla sofort ängstlich in sich zurück. Sonst hatte sie jetzt ein ruhiges, bestimmtes Auftreten. Sie schien in dieser Zeit über sich selbst hinausgewachsen zu sein.

Heinz war in einer ganz seltsamen Verfassung. Er wurde nicht müde, Carla zuzusehen und zu studieren. Sie gab ihm täglich neue, interessante Rätsel auf. Zuweilen kamen sie in eine Unterhaltung über Dinge, denen er sie früher nicht gewachsen glaubte, und er erstaunte dann über die Vielseitigkeit und Gründlichkeit ihres Wissens. Sie überraschte ihn mit geistvollen Antworten und zeigte sich ihm jetzt so, wie sie wirklich war. Ihre Schüchternheit war gewichen und hatte einem ruhigen Stolz Platz gemacht.

Eigentlich hätte er mit dem Stand der Dinge zufrieden sein müssen, aber dem war nicht so. Er hätte viel darum gegeben, wenn Carla sich noch einmal in ihrer liebevoll sanften Weise an ihn angeschmiegt hätte, wenn sie ihn noch einmal so angesehen hätte wie an jenem Abend, da er um sie warb.

Es behagte ihm durchaus nicht, dieses kühle, förmliche Nebeneinander, und ohne daß er sich selbst bewußt darüber wurde, war sein ganzes Wesen nur eine einzige inbrünstige Werbung um Carlas Gunst. Jetzt, da sie sich ihm so völlig versagte, erwachte ein starkes, heißes Gefühl für sie in seinem Herzen. Er entdeckte täglich neue Vorzüge an ihr und konnte sich selbst nicht mehr begreifen, daß er sie für ängstlich und unbedeutend gehalten hatte. Er mußte blind gewesen sein.

Carlas Vater hatte er sofort beim nächsten Zusammentreffen gesagt, daß sie von ihr belauscht worden waren. Fritz Rottmann hatte das durchaus nicht tragisch genommen. Er war natürlich im ersten Augenblick erschrocken, aber dann hatte er Heinz beruhigt. Er hatte keine so große Meinung von der Wichtigkeit der Frau, daß er sich viel Kopfschmerzen darüber machte.

»Carla wird ausschmollen und dann vernünftig sein; nimm es nicht so schwer, mein Sohn«, hatte er gesagt.

Da hatte Heinz geschwiegen und auch mit seinem Schwiegervater nie wieder über diese Angelegenheit gesprochen.

Aber er nahm es, entgegen seinem Rat, sehr schwer. Er konnte nicht leicht darüber hinweggehen, und es quälte ihn namenlos, daß er in Carlas Augen so klein erscheinen mußte. Und daß sie litt um seinetwillen, das quälte ihn noch mehr. Er hätte ihr jetzt die Hände unter die Füße breiten mögen und fragte sich von Tag zu Tag unruhiger, ob Carlas Liebe zu ihm gestorben sei, in der Erkenntnis, daß er mitschuldig war an dem Betrug, den man an ihr verübte. Es half ihm nichts, daß er sich sagte, er sei trotz allem ehrlich gewesen und habe ihr nicht Gefühle vorgelogen, die er nicht empfunden hatte.

Immer brennender wurde für ihn die Frage, ob sie ihn trotz allem noch liebte und ob es ihm gelingen würde, sie von seinen veränderten Gefühlen zu überzeugen.

Seine Mutter und Schwester hatte Carla schon am Weihnachtsabend nach Lindenhof geholt, weil ihr an diesem Tag das Alleinsein mit Heinz unerträglich gewesen wäre.

Aber auch in der Folge wurden die beiden Damen oft nach Lindenhof geholt.

Carla gab sich ihnen gegenüber ganz unverändert, und auch Heinz gab sich Mühe, Mutter und Schwester über den wahren Stand seiner Ehe im dunkeln zu lassen.

Aber Mutteraugen sehen scharf, und die Majorin merkte sehr wohl, daß zwischen dem jungen Paar noch nicht alles so war, wie sie es wünschte.

Auch Doktor Harden kam in den Wintermonaten einige Male nach Lindenhof hinaus, und obwohl er es vermocht hatte, seine Gefühle für die Frau seines Freundes zu beschränken, hegte er nach wie vor eine große Zuneigung zu Carla, die er zu einer echten Freundschaft abzuklären versuchte.

Vielleicht wäre er noch schneller damit fertig geworden, wenn Heinz ihm nicht schon vor seiner Hochzeit bei einem Zusammensein gestanden hätte, wie seine Verlobung mit Carla zustande gekommen war. Er hatte ihm gesagt: »Du sollst mich nicht für einen Mitgiftjäger halten, Rudolf. Ich hätte nie gewagt, mich um Carla Rottmann zu bewerben, wenn ihr Vater es nicht selbst gewünscht hätte. Noch ehe ich sie das erstemal sah, stand es schon fest, daß sie meine Frau werden sollte.«

»So liebst du sie nicht?« hatte Harden gefragt.

»Nein, ich empfinde für sie nichts als Hochachtung und Sympathie. Aber darauf werden die besten Ehen aufgebaut.«

»Und — mit welchen Gefühlen für dich geht deine Braut in diese Ehe?«

Heinz hatte sich über die Stirn gestrichen. »Sie liebt mich, und deshalb werde ich immer ihr Schuldner sein.«

An diese Unterredung mußte Harden oft denken, wenn er Carla und Heinz beisammen sah. Hätte er gemerkt, daß diese beiden Menschen ein volles Glück gefunden hätten, dann wäre er mit seiner Neigung schneller fertig geworden. So aber war immer eine große Unruhe in ihm, weil er fühlte, daß Carla nicht glücklich war. Nun kam der Frühling ins Land mit allem Blütenduft und Lenzeszauber. Und Carla bat nun Käte und ihre Mutter, ganz nach Lindenhof überzusiedeln. Auch Doktor Harden sandte sie eine Einladung und versprach ihm einen ungestörten Studierwinkel. Sie tat es Kätes wegen und auch, weil sie für Harden eine ehrliche Freundschaft empfand.

Es war ihr lieb, daß ständig Gäste ins Haus kamen, denn sie ertrug das Alleinsein mit Heinz immer schwerer. Es wurde ihr alles leichter, wenn sie in Gesellschaft waren. Dieses förmliche Nebeneinander quälte sie nicht weniger als Heinz, denn sie liebte ihn noch immer, liebte ihn vielleicht heißer und inniger als je. Aber sie wäre lieber gestorben, als ihm das jetzt noch zu zeigen.

Daß sich Heinz unentwegt um sie mühte mit ritterlichen Aufmerksamkeiten, daß er ihr jeden Wunsch von den Augen ablas und alles tat, um ihr ein Lächeln, ein freundliches Wort abzulocken, merkte sie recht gut, und es tat ihr wohl und weh zugleich. Sie hielt das für sein Bestreben, gutzumachen. Daß in seinem Herzen andere Gefühle für sie erwacht sein könnten, daran glaubte sie nicht. Sie wollte eine solche Hoffnung nicht in sich aufkeimen lassen.

Ihren Vater hatte sie seit ihrer Hochzeit nicht wiedergesehen. Sie vermied es, mit ihm zusammenzutreffen, und er suchte ihre Gesellschaft auch nicht, weil er doch ein leises Schuldbewußtsein seiner Tochter gegenüber hatte. Er bestellte durch Heinz täglich Grüße und hatte auch einige Male flüchtig am Telefon mit ihr gesprochen. Dabei suchte er einen scherzhaft überlegenen Ton festzuhalten und fragte sie, ob sie noch mit ihm schmolle. Da hatte sie erwidert:

»Darüber wollen wir telefonisch nicht sprechen, Vater. Was ich empfinde, will ich lieber für mich behalten, du hättest doch kein Verständnis dafür.«

Da hatte er schnell von etwas anderem gesprochen. Er hoffte, daß über die ganze Angelegenheit Gras wachsen würde, wenn man nur nicht viel darüber redete. Bis er im Hochsommer nach Lindenhof kam, würde alles im Gleis sein.

Wie sehr sich Carla innerlich und äußerlich seit ihrem Hochzeitstage verändert hatte, ahnte er nicht. Heinz sprach nicht mit ihm davon, weil er bei ihm kein Verständnis fand für das, was ihn bewegte in bezug auf Carla, und er hätte jetzt nicht ertragen können, daß der Vater Carla so gleichgültig und überlegen abtat.

In jeder anderen Frage verband die beiden Männer ein inniges Verständnis, sie fühlten wirklich wie Vater und Sohn füreinander, und Fritz Rottmann war mit dem Stand der Dinge innig zufrieden. Anfang Mai siedelten Käte und Mutter nach Lindenhof über für den ganzen Sommer. Und einige Tage später traf dann auch Doktor Harden ein und bezog zwei Zimmer im zweiten Stock, wovon das größere sein Arbeitszimmer wurde.

Wenn er an seinem Werk schrieb — er setzte feste Arbeitsstunden für sich an —, durfte man ihn nicht stören. Aber wenn er Experimente machte, sah er es ganz gern, wenn ihm die Damen einen Besuch machten und sich von ihm belehren ließen über die Wunder der Natur.

So war jetzt immer ein heiterer Kreis um das junge Paar versammelt, der zuweilen noch durch gelegentliche Besucher vergrößert wurde.

Käte staunte, wie sehr sich Carla verändert hatte. Die junge Frau kleidete sich jetzt mit einer eleganten Selbstverständlichkeit, war immer tadellos und sehr kleidsam frisiert und trat so stolz und sicher auf, daß sie nicht mehr zu erkennen war. Ihr Wesen hatte eine vornehm ruhige Sicherheit, und sie machte die Honneurs ihres Hauses mit so viel Anmut und liebenswürdiger Grazie, daß alles von ihr bezaubert war — am meisten, ganz im stillen, ihr eigener Mann.

Käte konnte sehr wohl verstehen, daß Doktor Harden sein Herz an diese Frau verloren hatte. Es lag eine so herbe

Süßigkeit über Carlas ganzer Erscheinung, die sie noch viel liebenswerter machte als früher.

Und Käte beobachtete Doktor Harden im verstohlenen sehr ängstlich. Würde er Carlas Zauber auf die Dauer widerstehen können?

Aber um Doktor Harden hätte sie sich nicht zu sorgen brauchen, der wurde mit seinen Gefühlen für Carla schon fertig. Anders stand es mit Heinz. Dieser verliebte sich von Tag zu Tag rettungsloser in seine Frau und sehnte sich namenlos nach ihrer Liebe. Wie gern hätte er sie in seine Arme genommen und ihr gestanden, daß er sie jetzt von Herzen liebte. Aber würde sie ihm glauben? Würde sie nicht denken, daß er ihr eine neue Komödie vorspielte? Wie sollte er sie überzeugen von seinen veränderten Gefühlen für sie?

So wurde er immer unruhiger und sehnsüchtiger in ihrer Nähe und war eifersüchtig auf jedes Lächeln, jedes freundliche Wort, das sie für andere hatte. Wenn sie mit seinem Freund Harden in ihrer lieben Weise plauderte, dann hätte er ihn von ihrer Seite reißen mögen, obwohl er sich dabei einen Toren schalt. Er lief dann fort, um sich zu beruhigen, und kam erst wieder, wenn er seine Selbstbeherrschung wiedergefunden hatte.

Es war an einem wundervollen Maiensonntag. Carla war nach Tisch mit ihren Gästen hinausgegangen auf die breite Veranda, wo auf dicken Strohmatten zierliche Korbmöbel standen. Man gruppierte sich um einen runden Tisch, und eine Dienerin servierte Mokka in kleinen Schalen.

Heinz kam mit Zigarren und Zigaretten heraus und bot sie an.

Doktor Harden bat die Damen um Erlaubnis, rauchen zu dürfen.

»Leisten Sie uns nicht Gesellschaft, meine Damen? Nein? Auch Sie nicht, Fräulein Käte?«

Sie schüttelte den Kopf. »Ich habe nicht geraucht, als die

Zigaretten noch sehr billig waren, und will mir nun diesen kostspieligen Luxus erst recht nicht angewöhnen. In nicht gar zu langer Zeit kostet eine Schachtel Zigaretten vielleicht eines meiner Übersetzungshonorare.«

Harden nickte ihr lächelnd zu.

»Schon recht, Fräulein Käte, gewöhnen Sie sich diese Untugend gar nicht erst an. Da sich keine Damen hier befinden, die der Raucherleidenschaft frönen, kann ich ja offen gestehen, daß ich einen Frauenmund nicht gern mit Tabak in Berührung gebracht sehe.«

Käte sah ihn übermütig an. »Nicht wahr, irgendwie muß sich doch auch in dieser alles nivellierenden Zeit die Frau vom Mann unterscheiden?«

»Sie meinen, sonst sind sich Mann und Frau jetzt zu ähnlich geworden?«

»Ja, oft bedauernswert ähnlich.«

»Nun, nun, ich meine, ein echter Mann wird sich von einer echten Frau immer und immer, mit und ohne Zigarre, unterscheiden.«

»Da haben Sie recht, lieber Doktor«, sagte die Majorin, »und gottlob, daß es so ist.«

Käte hatte ihre Augen eine Weile selbstvergessen auf Hardens Gesicht ruhen lassen. Nun lag wieder der weiche, träumerisch sehnsüchtige Ausdruck in ihren Augen, und sie sah versonnen und versunken in die Ferne. Sie schien vergessen zu haben, daß sie nicht allein war.

Als sich Doktor Harden nach einer Weile wieder nach ihr umwandte, um ein neues kleines Wortgeplänkel mit ihr zu eröffnen, sah er sie ganz betroffen an. So hatte er die kleine, immer kampfbereite Käte noch nie gesehen. Er vergaß, daß er sich zu einer neuen Fehde mit ihr gerüstet hatte, und beobachtete sie schweigend mit einem ihm ganz fremden Interesse. Darüber vergaß er, auf die anderen zu achten, wie Käte auch. Er merkte nicht, daß Carla ihre Schwiegermutter in den Garten hinabführte, um ihr die blühenden

Frühlingsblumen zu zeigen, und daß Heinz an das Telefon gerufen wurde.

So saß Doktor Harden mit Käte allein auf der Terrasse. Als er es merkte, sah er sich erstaunt um, und dann beugte er sich vor und sah Käte forschend an.

»Fräulein Käte, an was denken Sie so intensiv?«

Sie schrak auf, wie aus einem Traum erwacht, und wurde glühendrot unter seinem forschenden Blick. »An was soll ich gedacht haben, Herr Doktor?«

»Ich weiß es nicht, jedenfalls aber an etwas sehr Liebes. Sie sahen so ganz anders aus als sonst — so sehnsüchtig, so verträumt.« Eine große Verlegenheit kam über sie. Natürlich hatte sie nur an Rudolf Harden und ihre Liebe zu ihm gedacht.

»Wie sah ich aus?« fragte sie verwirrt.

»Sehr reizend, sehr lieb — ganz anders als sonst.«

Sie lachte gezwungen. »Also sonst sehe ich sehr garstig aus?« spottete sie.

Er ließ seinen Blick nicht von ihr. In ihrer Verlegenheit erschien sie ihm so viel reizender als sonst.

»Garstig? O nein, dazu sind Sie immer viel zu hübsch. Aber sonst sehen Sie immer so kriegerisch aus, so — verzeihen Sie — ein wenig kratzbürstig. Jetzt war das alles aus Ihrem Gesicht verschwunden. Hold und lieb sahen Sie aus, als dächten Sie an etwas sehr, sehr Liebes.«

Sie strich sich das Haar aus der Stirn. »Man muß ja heutzutage kriegerisch und kratzbürstig sein, wenn man durch die Welt kommen will.«

Er stützte den Kopf in die Hand.

»Ja, Sie haben es schwer, Fräulein Käte, und ich habe Sie immer bewundert wegen Ihrer Tapferkeit. Aber es ist schade, daß Sie dabei so kriegerisch geworden sind. Man vergißt dabei zuweilen, daß Sie ein junges Weib sind, das man beschützen und behüten müßte. Mir ist eben bei Ihrem Anblick die Erkenntnis aufgegangen, daß ich eigentlich immer einen ganz falschen Ton Ihnen gegenüber angeschlagen habe.«

Sie wurde noch viel röter und verlegener und erschien ihm dabei immer holder und lieblicher. Weil sie vor Erregung nicht sprechen konnte, winkte sie nur hastig ab. Er aber faßte ihre Hand.

»Winken Sie nur nicht ab, Fräulein Käte, ich weiß jetzt mit einem Mal, daß ich in Ihren kriegerischen Ton nie hätte einstimmen sollen, damit habe ich Sie nur gereizt. Mit Frauen soll man nicht Krieg führen, auch im Scherz nicht. Mir scheint, ich habe zuweilen gegen alle Galanterie recht arg verstoßen bei unseren kleinen Plänkeleien.«

Sie schluckte krampfhaft, weil sie seinem warmen, herzlichen Ton gegenüber die Fassung zu verlieren glaubte. Und sie wußte, daß sie jetzt hemmungslos in Tränen ausbrechen würde, wenn er noch ein einziges gutes Wort zu ihr sagte. Ihr einziges Heil in der Flucht suchend, riß sie sich los und eilte ins Haus. Dabei sah er aber noch, daß die Tränen nun doch gestürzt kamen.

Fassungslos sah er ihr nach und atmete dann tief auf. »Kleine Käte — tapfere kleine Käte, weshalb läufst du denn davon? Und wem gelten deine Tränen und deine sehnsüchtig verträumten Augen?« fragte er sich.

Er grübelte darüber nach, und plötzlich ging ihm ein Licht auf.

»Herrgott — das liebe Mädelchen wird doch nicht? Das sah doch aus, als habe sie sich nur hinter den kriegerischen Ton verschanzt, um mir gegenüber nicht weich und hilflos zu werden. Sollte ich blind gewesen sein? Sollte die kleine Käte etwas anderes als burschikose Kameradschaftlichkeit für mich empfinden?« Er konnte sich über diese in ihm aufgetauchte Frage nicht klarwerden und grübelte immer noch darüber nach, als Heinz jetzt wieder auf der Veranda erschien. Wie im Traum sah er zu ihm auf.

»Du bist ja ganz allein, Rudolf?«

»Ja, Heinz, die Damen haben mich meinem Schicksal überlassen.«

»Wo sind sie denn?«

»Deine Frau und deine Mutter sehe ich da drüben bei den Blumenrabatten, und deine Schwester — die ist plötzlich auch verschwunden.«

Heinz trat neben ihm an die Brüstung und sah hinab in den Garten. In einiger Entfernung erblickte er Carla und seine Mutter. Carla stand an einem jungen, mit Blüten bedeckten Baum und hob beide Arme, um einen Zweig herabzubeugen und den Duft der Blüten einzusaugen. Sie reckte dabei ihre schlanke, jugendschöne Gestalt, an der ein weißes Voilekleid in weichen Falten herabfiel. Die Sonnenlichter spielten auf ihrem herrlichen Haar und hüllten sie ein. Sie bot unbewußt ein entzückendes Bild. Heinz atmete tief und schwer. Er und auch Doktor Harden ließen ihre Augen gefesselt auf diesem Bild ruhen. Und dann seufzten sie beide auf. Überrascht sahen sie dann einander an, und Harden sagte, sich zum Scherz zwingend:

»Da seufzen wir beide wie ein paar Primaner in diesen jungseligen Maientag hinein. Warum du seufzt, möchte ich wissen. Du weißt wohl gar nicht, wie beneidenswert du bist? Deine Frau ist das anbetungswürdigste Geschöpf, das ich kenne.«

Heinz zuckte zusammen und sah ihn mit brennenden Augen an. »Du wirst ja ganz schwärmerisch.«

»Kann man das nicht werden bei einem so entzückenden Anblick? Ich würde dir das natürlich nicht sagen, wenn ich nicht wüßte, daß du deine Frau nicht liebst — was mir übrigens unverständlich ist. Aber die Güter des Lebens sind eben ungerecht verteilt, und für dich erscheint wertlos, um das ich dich glühend beneide.«

Heinz zog die Stirn zusammen. »Soll das heißen, Rudolf, daß — daß du meine Frau liebst?« fragte er fast drohend. Harden strich sich über die Stirn.

»Mein lieber Heinz, ich habe mein Herz an deine Frau auf den ersten Blick verloren, damals, als ich sie das erstemal im Boot auf der Alster sah. Am nächsten Tag hörte ich, daß sie deine Braut geworden war. Hätte ich das nicht erfahren, wäre ich rettungslos ihrem Zauber verfallen. So aber mühe ich mich seitdem ehrlich, meines Gefühls Herr zu werden. Ich war fortwährend auf der Hut und habe es fertiggebracht, meine Gefühle zu einer herzlichen Freundschaft herabzudämpfen. Wahrscheinlich wäre es mir noch leichter gefallen, hätte ich nicht gewußt, daß du sie nicht liebst. So habe ich es mir herzlich sauer werden lassen, und anbetungswürdig erscheint sie mir noch immer. Das tritt deinen Rechten in keiner Weise zu nahe. Ich begreife nicht, daß du diese Frau nicht so liebst, wie sie es verdient.«

Heinz sah starr auf seine Frau hinab. »Du irrst, Rudolf. Mit meiner Gleichgültigkeit gegen meine Frau ist es längst vorbei. Ich liebe sie, liebe sie ganz unsinnig, und du würdest mein Feind sein, wenn du sie nur mit einem verlangenden Gedanken streiftest.«

Rudolf Harden sprang auf und trat neben ihn. »Heinz — du liebst deine Frau?«

»Über alle Maßen. Aber — ich habe ihre Liebe verscherzt, weil sie durch einen unglückseligen Zufall an unserem Hochzeitstage erfuhr, daß ich mich auf Wunsch ihres Vaters um sie bewarb. Am Abend unseres Hochzeitstages kam es zu einer Aussprache zwischen uns.
Und sie wies mich stolz zurück. Seither führen wir nur eine Scheinehe, und ich muß jeden Tag fürchten, daß sie ihre Freiheit von mir zurückverlangt. An jenem Abend kam mir die Erkenntnis, daß ich sie liebe, und von Tag zu Tag wächst dieses Gefühl in mir. Du hattest von Anfang an bessere Augen als ich. Ja, sie ist anbetungswürdig in ihrer stolzen Reinheit, in ihrer anmutsvollen Lieblichkeit. Ich war ein blinder Tor und muß es jetzt grausam büßen. Und nun kannst du wohl ermessen, was ich empfand, als du mir

deine Gefühle für meine Frau eröffnetest. Ich neide dir ohne dies jedes Lächeln, jedes gute Wort von ihr, neide es jedem Menschen, denn für mich hat sie nur kalte Förmlichkeiten.«

Das alles brach wie ein Sturm aus Heinz' Brust hervor.

Rudolf sah ihm betreten in das zerquälte Gesicht. »Mein Gott, Heinz, so also steht es zwischen euch? Ich meinte, der kühle Hauch, der eure Ehe umweht, gehe von dir allein aus.«

Heinz lachte bitter auf. »O nein, nur von ihr.«

»Aber Heinz, sie liebt dich doch, das muß sich doch alles ausgleichen lassen.«

Bedrückt schüttelte Heinz den Kopf. »Sie hat mich geliebt, aber diese Liebe ist wohl gestorben, als sie an meine Lieblosigkeit glauben mußte.«

Harden schüttelte den Kopf. »Das glaube ich nicht, daß ihre Liebe gestorben ist. Ich habe doch oft ihre Augen an dir hängen sehen in dieser Zeit. Frauen wie sie lieben nur einmal, und dann für ihr ganzes Leben.«

»Wenn du recht hättest! Du ahnst nicht, was ich für Qualen leide!«

»So sag ihr doch um Gottes willen, daß du sie liebst.«

»Sie wird es mir nicht glauben. Wie soll ich sie davon überzeugen?«

Harden strich sich über die Stirn und legte dann die Hand auf den Arm des Freundes.

»Mein lieber Heinz, ich hatte ja keine Ahnung von dem wahren Stand der Dinge. Wenn ich nur helfen könnte, glaube mir, ich würde es freudig tun. Sei versichert, nun ich weiß, daß du deine Frau liebst, kann ich ganz ruhig an sie denken. Nur glücklich soll sie sein. Daß sie es nicht war, fühlte ich, und das machte mich immer unruhig. Nun ist das überwunden, und nun soll es keinen anderen Gedanken für mich geben, als wie ich dir und ihr zu einem gemeinsamen Glück helfen kann. Ihr seid meine liebsten Menschen. Und sie verdient deine Liebe und ein reines Glück. Es muß einen Weg geben, in ihr den Glauben an deine Liebe zu erwecken.«

»Das mag Gott geben, Rudolf, ich sehe diesen Weg nur nicht.«

»Wir werden darüber nachdenken, Heinz. Doch still, die Damen kommen zurück. Nur sag mir schnell noch, daß wir die alten sind, Heinz.« Er hielt dem Freund die Rechte hin.

Dieser drückte ihm stumm die Hand, und damit war Harden zufrieden.

Jetzt erschien Carla mit der Majorin auf der Veranda, und die Unterhaltung wurde wieder allgemein. Nur Käte blieb noch eine ganze Weile verschwunden, und als sie endlich wieder erschien, sah Harden an ihren Augen Spuren geweinter Tränen.

Das beunruhigte ihn seltsam. Er ließ Käte kaum aus den Augen und vergaß darüber, auf Carla zu achten. Daß Käte ihr Gleichgewicht noch nicht ganz wiedergefunden hatte, bewiesen ihm ihre leise zuckenden Lippen. Er merkte auch, daß sie es vermied, ihn anzusehen und mit ihm zu sprechen. Sie war so still und in sich gekehrt, daß es auch den anderen schließlich auffiel.

»Was ist dir denn, Käte, du bist ja so still?« fragte Carla, den Arm um sie legend.

Käte zwang ein Lächeln um ihren Mund.

»Ich habe so dummes Kopfweh, Carla, bitte, achtet nicht darauf. Es geht schon vorüber.«

Man gab sich damit zufrieden, nur Harden nicht. Er glaubte nicht an das Kopfweh

IX

Am nächsten Morgen, als man gemeinsam das Frühstück eingenommen hatte, fuhr Heinz, wie täglich, ins Geschäft. Doktor Harden verabschiedete sich gleichfalls von den Damen, um ein naturwissenschaftliches Experiment zu machen. Er hatte sich vom Gärtner ein Meerschweinchen besorgen lassen, das er zerlegt hatte, um seine Studien daran zu machen.

Die Majorin sagte lächelnd zu ihm: »Ich komme nachher zu einem Plausch zu Ihnen hinauf in Ihre Gelehrtenklause, lieber Doktor.«

»Das wird mich freuen, Frau Majorin. Darf ich die jungen Damen auch erwarten? Ich nehme die Muskelfasern eines Meerschweinchens unter das Mikroskop. Sie dürfen sich das ansehen, es ist sehr interessant.«

»Mich müssen Sie entschuldigen, Herr Doktor, ich habe noch im Haushalt zu tun. Aber Käte nimmt sicher Ihre Einladung an«, sagte Carla.

Er sah Käte forschend an. »Nun, Fräulein Käte?«

Seine forschenden Blicke, die seit gestern fast unablässig auf ihr ruhten, machten sie unsicher.

»Brauchst du meine Hilfe im Haushalt nicht, Carla?«

»Nein, Käte, laß du dich ruhig von dem Herrn Doktor in Zoologie unterrichten.«

Nun wurde Käte noch verlegener. »Ich komme dann später nach. Ich möchte gern erst noch einige Druckseiten übersetzen, da meine Arbeit morgen vormittag zur Post soll. In einer Stunde bin ich fertig«, sagte sie unsicher.

»Dann erwarte ich Sie und Ihre Frau Mutter.«

»Stören wir auch bestimmt nicht, lieber Doktor?«

»Nein, Frau Majorin, ganz gewiß nicht!«

Der Doktor entfernte sich, nachdem er Käte noch einmal groß und forschend angesehen hatte, was ihr die Röte ins Gesicht trieb.

Die Majorin setzte sich mit einer Handarbeit für Carla auf die Veranda, und Carla und Käte gingen an ihre Arbeit.

»In einer Stunde holst du mich hier ab, Käte, dann gehen wir zu Doktor Harden hinauf!« rief die Mutter noch.

Käte nickte. »Es ist gut, Muttchen.«

Es war ein großer, heller Raum, den Carla für Doktor

Harden als Arbeitszimmer hatte einrichten lassen. Hier verbrachte er täglich mehrere Stunden in fleißiger Arbeit. Pünktlich traf nach einer Stunde zuerst die Majorin bei ihm ein. Käte hatte noch einige Minuten zu tun und hatte ihr sagen lassen, sie würde nachkommen.

»Da bin ich, lieber Doktor, neugierig auf einen Blick durch Ihr Mikroskop.«

»Treten Sie näher, Frau Majorin, ich bin bei einem wunderbaren Experiment.«

»Was haben Sie denn unter der Lupe?«

»Die Muskelfaser eines Meerschweinchens. Es ist doch etwas ganz Wunderbares um die Schöpfungen der Natur. Glauben Sie mir, Frau Majorin, dies Meerschweinchen ist genauso ein Wunderwerk der Natur wie Sie selbst«, sagte er voll Gelehrteneifer.

Sie lachte herzlich. »Danke für den Vergleich, lieber Doktor, er wird mich vor Größenwahn behüten«, sagte sie mit ihrem trockenen Humor.

Erschrocken blickte er auf. »Habe ich wieder etwas Dummes gesagt? Bei der Arbeit bin ich oft so zerstreut.«

»Nein, dumm kann ich nicht finden, was Sie gesagt haben. Einer anderen Dame sagen Sie das lieber nicht, sie könnte es ungalant finden, wenn sie von Ihnen mit einem Meerschweinchen auf eine Stufe gestellt würde.«

»Aber, aber! So ist das doch nicht gemeint, teuerste Frau Majorin. Ich erklärte doch, daß auch Sie ein Wunder der Schöpfung sind.«

»Ganz recht, wie das tote Meerschweinchen«, lachte sie.

»Nun habe ich Sie wohl gar erzürnt?« fragte er betreten.

»Nein, nein, nur amüsiert.«

In diesem Augenblick trat Käte ein.

Erfreut sah er ihr entgegen. »Kommen Sie, Fräulein Käte, helfen Sie mir aus der Patsche. Ich habe etwas sehr Dummes gesagt.«

Und er erklärte ihr den Fall.

Sonst hätte Käte sicher die Gelegenheit benutzt, um wieder in einer lustigen Fehde mit ihm die Waffen zu messen. Heute blieb sie aber ganz sanft. »Sorgen Sie sich nur nicht, Herr Doktor, Muttchen weiß schon, wie es gemeint ist. Sie will sich nur ein wenig mit Ihnen necken.«

Er faßte plötzlich ihre Hand und führte sie an seine Lippen. Das geschah sonst nie. Und sie wurden darüber beide ein wenig verlegen. Aber dann erklärte der Doktor mit Feuereifer das Präparat, das unter dem Mikroskop lag: der winzige, staubfeine Durchschnitt einer Muskelpartie.

Käte lauschte mit atemlosem Interesse. Was hätte sie nicht interessiert, was mit Doktor Harden zusammenhing. Sonst versteckte sie das hinter übermütigen Ausfällen, aber heute blieb sie ernst und verriet durch allerlei Fragen, wie aufmerksam sie auch sonst seinen Erklärungen gelauscht hatte. Er sah sie immer wieder an, als entdecke er etwas Besonderes an ihr. Sie war heute seltsam sanft und still.

Ihrer Mutter fiel das auch auf. »Was ist nur seit gestern mit dir, Käte? Du bist so still und in dich gekehrt — und so unbedingt friedlich dem Doktor gegenüber. Das ist man doch sonst nicht gewöhnt an dir.«

Käte schlug eine Flamme ins Gesicht, zumal sie auch Harden forschend ansah. Aber er kam ihr auch gleich zu Hilfe. »Noch immer Kopfweh, Fräulein Käte?« fragte er weich und herzlich.

Ihre Augen wurden gleich wieder feucht, so unwillig sie auch darüber war. Aber sie schüttelte heftig den Kopf. »Ich glaube, ich bekomme Nerven auf meine alten Tage«, sagte sie mit einem Versuch, zu scherzen.

Lächelnd blickte er sie an. »Auf Ihre alten Tage? Bei Ihnen darf man doch noch fragen, wie hoch sie sich belaufen. Ich taxiere auf zwanzig Jahre. Stimmt es?«

»Noch eins und ein halbes dazu, Herr Doktor, man kommt langsam in die Jahre«, scherzte sie tapfer weiter.

»Da bin ich ein Mummelgreis gegen Sie. Ich bin reichlich zwölf Jahre älter als Sie.«

»Ich weiß, am vierzehnten November werden Sie vierunddreißig Jahre alt.«

Er stutzte. »So genau sind Sie orientiert?«

Wieder sah er eine verräterische Röte über ihr Gesicht huschen. Seit ihm gestern ein Verdacht gekommen war, wurde ihm dieser immer wieder bestätigt.

»Ich weiß doch, daß Sie genau zwei Monate jünger sind als Heinz«, sagte Käte möglichst gleichmütig.

Er wandte sich nun seinem Präparat wieder zu, aber er tat es nicht mit der sonstigen Aufmerksamkeit und war sehr zerstreut. Es ging ihm etwas im Kopf herum.

»Kleine Käte — kleine tapfere Käte, warum wirst du so rot, wenn ich dich bei deinem Interesse an meiner Person ertappe? Warum hast du gestern so verträumt und sehnsüchtig vor dich hingesehen, warum bist du dann mit Tränen in den Augen geflohen?«

So fragte er sich immer wieder. Und dabei tanzten die Querschnitte der Muskelfasern des Meerschweinchens vor seinen Augen. Es wollte heute mit der Arbeit nicht so gehen wie sonst.

Die Majorin schien das zu merken. »Ich glaube doch, wir stören Sie, lieber Doktor. Es ist besser, wir lassen Sie allein.«

Er richtete sich auf. »Nein, nein, Sie stören mich bestimmt nicht. Aber ich bin heute nicht so ganz bei der Sache. Vielleicht bekomme ich auch ›Nerven‹ wie Fräulein Käte. Wenn sie mit einundzwanzig Jahren schon ein Anrecht darauf hat, warum soll ich da nicht auch ›Nerven‹ bekommen. Ich streike heute. Wir leben ja im Zeitalter der Streiks, ich komme mit Ihnen hinunter. Wollen Sie eine Partie Tennis mit mir spielen, Fräulein Käte? Damit helfen wir unseren ›Nerven‹ wieder auf.«

Sie nickte. »Gern.«

»Kommen Sie mit zum Tennisplatz, Frau Majorin?«

»Nein, draußen unter den Bäumen ist es mir heute zu kühl, der Boden ist feucht, weil es in der Nacht geregnet hat. Ich setze mich inzwischen mit meiner Handarbeit auf die sonnige Veranda.«

Sie gingen zusammen hinunter. Die Majorin trennte sich von den beiden jungen Menschen. Diese gingen in den Garten hinaus. Stumm schritten sie nebeneinander hin, und als sie so weit unter den Bäumen verschwunden waren, daß sie vom Hause aus nicht mehr gesehen werden konnten, schob der Doktor plötzlich seine Hand unter Kätes Arm und hielt sie so fest, daß sie nicht weitergehen konnte. Sie blieb stehen und sah ihn betroffen an.

»Fräulein Käte, das mit dem Tennisspielen war nur ein Vorwand. Ich wollte nur mit Ihnen allein sein.«

Die verräterische Flamme schlug zu seinem Entzücken schon wieder über ihr reizendes Gesicht. Sie sah ihn unruhig fragend an. Wo sollte das jetzt wohl hinaus?

»Weshalb wollen Sie mit mir allein sein?«

»Weil ich Sie etwas fragen will, Käte. Wollen Sie mir ganz ehrlich antworten?«

Verwirrt sah sie in sein erregtes Gesicht. »Gewiß, warum sollte ich das nicht tun?«

Er faßte ihre Hand. »Nun wohl, so frage ich also. Käte, ist Ihr Herz noch frei?«

Sie zuckte zusammen, wurde sehr bleich und schloß ein paar Sekunden die Augen. »Warum fragen Sie mich das?«

»Das ist keine Antwort, Käte. Warum ich das frage? Sie haben mir doch einmal versprochen, daß Sie bei mir anfragen wollen, ob mir der Mann gefällt, dem Sie einmal Ihr Herz schenken. Wissen Sie das noch?«

Sie nickte. »Das war ein Scherz.«

»Damals vielleicht, heute ist es mir ernst damit. Also sagen Sie mir, ist Ihr Herz noch frei?«

Sie senkte die Augen, und ihre Hand zitterte in der seinen. »Darauf kann ich Ihnen keine Antwort geben«, trotzte sie auf.

Ein gerührtes Lächeln huschte um seinen Mund. »Kleiner tapferer Trotzkopf, dann muß ich wohl präziser fragen. Käte — lieben Sie mich?«

Sie zog die Stirn wie im Schmerz zusammen und richtete sich stolz auf. »Herr Doktor, was berechtigt Sie zu dieser Frage?«

»Darf ein Mann diese Frage nicht an eine junge Dame richten?«

Da sah sie ihn mit einem so wehen Blick an, daß er erschrak. »Nicht, wenn der Mann eine andere Frau liebt«, sagte sie tonlos.

Er zuckte zusammen. »Käte — liebe Käte, was wollen Sie damit sagen?«

Sie atmete schwer. »Ich weiß doch, daß Sie die Frau meines Bruders lieben, wenn es auch sonst kein Mensch weiß.«

Einen Augenblick war er fassungslos. Aber als er dann den herben, schmerzlichen Zug um ihren Mund sah, faßte er ihre Hand noch fester. »Kleine Käte, wie kommen Sie darauf?«

Ein trotziger, bitterer Schmerz zuckte aus ihren Augen, deren Blau jetzt fast schwarz erschien vor Erregung. »Ich habe es in Ihren Augen gelesen, lange schon, schon am Hochzeitstag meines Bruders. Mich können Sie nicht täuschen.«

Er atmete auf, und ein Lächeln erhellte sein Gesicht. »So genau kennen Sie mich?«

Sie nickte. »Wie mich selbst oder besser noch.«

Er streichelte sanft ihre Hand. »Ich darf und will Ihnen nichts vorlügen, Käte, in dieser Stunde nicht. Ja, es war nahe daran, daß ich mein Herz an Frau Carla verlor. Aber ich habe es noch fest im Zügel halten können, als ich erfuhr, daß sie dem Freund gehörte. Und jetzt ist das ganz überwunden, jetzt, da ich weiß, daß Heinz seine Frau liebt. Ich will nichts, als daß Heinz und Carla glücklich werden, was sie leider noch nicht sind. Würde ich das wünschen, wenn ich Frau Carla liebte?«

Sie atmete bedrückt. »Ich weiß es nicht.«

»Aber ich weiß es, Käte. Und Sie müssen es mir glauben. Liebe kleine Käte, wenn Sie doch wüßten, wie unsinnig weich und froh mir zumute ist, seit ich gestern merkte, daß hinter der kriegerischen Pose meiner kleinen Freundin Käte etwas ganz anderes steckte: nämlich ein weiches, liebevolles, sehnsüchtiges Herz, das sich trotzig und tapfer hinter einem Panzer versteckte. Käte, muß ich erst noch viel Worte machen? Ich habe dich lieb und wünsche sehnlichst, daß du für das ganze Leben mein kleiner treuer Kamerad, mein tapferer Weggenosse werden mögest. Ich bin so allein auf der Welt, Käte, und werde ein ganz unausstehlicher, trockener, nüchterner Gelehrter, wenn du mir nicht dein frisches, tapferes Leben schenkst. Willst du das tun, Käte?«

Es zuckte in ihrem Gesicht, und plötzlich flossen ihr die Tränen aus den Augen. »Ich — ich — ach, du lieber Gott — ich —«

Mehr brachte sie nicht heraus.

Er nahm sie fest in seine Arme. »Ja, du, du lieber kleiner Trotzkopf, der mir eine so kratzbürstige Komödie vorgespielt hat, um sich nicht zu verraten.«

Sie seufzte in seinen Armen glückselig auf. »Ach, Rudolf, ich war doch so unglücklich, daß du mich nicht mochtest und daß du so ganz anders auf Carla schautest als auf mich.«

Er drückte ihren Kopf an seine Brust. »Habe ich dich damit gequält, kleine Käte? Vergib und vergiß es, und werde meine liebe kleine Frau.«

Nun strahlten ihre Augen zu ihm auf. »Wie gern, wie gern, Rudolf! Aber wirst du Carla auch wirklich vergessen können?«

Er küßte sich erst einmal mit Behagen an ihren frischen roten Lippen satt. Dann sagte er übermütig: »Warum soll ich denn Carla vergessen? Sie wird doch nun meine Schwägerin. Aber du brauchst keine Angst zu haben, so wenig wie

Heinz, der auch schon eifersüchtig auf mich war. Für mich gibt es jetzt keine liebere, begehrenswertere Frau als meine Käte!«

»Heinz weiß, daß du Carla liebtest?«

»Bitte, bleiben wir präzise, daß ich nahe daran war, mich in sie zu verlieben. Wir haben gestern miteinander davon gesprochen. Er mißgönnt mir jedes freundliche Wort seiner Frau, der Othello. Wir müssen den beiden helfen, Käte. Im Grunde freue ich mich, daß er eifersüchtig ist. Wenn ich das nur Frau Carla überzeugend beibringen könnte, ich glaube, dann käme mit den beiden alles ins Gleichgewicht.«

»Was meinst du nur, Rudolf? Was ist denn mit Carla und Heinz? Ist da etwas nicht in Ordnung?«

»Nein, kleine Käte, eine greuliche Unordnung ist in dieser Ehe. Da müssen wir irgendwie Rat schaffen.«

»Ich verstehe das nicht.«

»Mach nicht solch erstaunte Guckerln, kleine Käte. Ich will ganz indiskret sein und dir alles berichten; denn wir beide müssen sehen, daß wir in dieser Ehe Ordnung schaffen. Vielleicht ersinnt dein Köpfchen etwas.«

Und er berichtete, langsam auf und ab gehend mit ihr, alles, was er wußte.

Sie lauschte mit atemlosem Interesse, und als er zu Ende war, sagte sie aufseufzend: »Da ist nicht leicht zu helfen, Rudolf. Wenn Carla einmal den Glauben an meines Bruders Liebe verloren hat, wie soll sie ihn dann wiederfinden?«

»Es muß ein Mittel geben, Käte. Die Hauptsache ist, daß Heinz jetzt seine Frau über alles liebt. Carla wird ihn noch immer lieben, davon bin ich überzeugt. Man muß ihr nur die Überzeugung beibringen, daß er sie wirklich liebt. Wenn sie gesehen hätte, wie eifersüchtig er mich angesehen hat, dann hätte sie schon an seine Liebe glauben müssen.«

»Meinst du nicht, daß es das beste wäre, wenn er es ihr sagte und es ihr so lange wiederholte, bis sie es ihm glaubt?«

Er zuckte die Achseln. »Wenn man ihr ins Herz sehen

könnte! Aber, es wird schon noch alles gut werden, kleine Käte. Jetzt will ich erst noch einen Kuß haben, so einen echten, rechten Verlobungskuß.«

Sie sträubte sich nicht, und für eine ganze Weile waren sie so völlig mit ihren eigenen Herzensangelegenheiten beschäftigt, daß sie die ihrer Gastgeber vergaßen.

»Wenn ich nur wüßte, Rudolf, wie ich dir am besten gefalle: wenn ich still und ernst oder wenn ich lustig und übermütig bin.«

»Du gefällst mir immer, ob ernst, ob heiter, und du sollst dich ganz so geben, wie dir ums Herz ist.«

Ihre Augen strahlten ihn an, und ihre Arme um seinen Hals legend, sagte sie mit unterdrückter Bewegung: »Ach, Rudolf, wenn ich mich so geben wollte, müßte ich jetzt laut aufschreien vor Glück oder still vor mich hinweinen.«

Er küßte ihre Augen. »Nicht weinen, Kätelein, lieber sollst du vor Glück aufschreien. Und vor allen Dingen sollst du mich immer sehr, sehr liebhaben.«

»Daran soll es nicht fehlen, Liebster.«

»Und nun gehen wir zu Mama Major und bitten um ihren Segen.«

»Mein Muttchen — die wird eine große Freude haben. Sie sah mich schon im Geist als alte Jungfer verkümmern.«

»Das wäre schade, jammerschade gewesen, kleine Käte.«

Es dauerte doch noch eine ganze Weile, bis sie zur Majorin kamen. Diese berichtete ihnen, Carla sei im Auto in die Stadt gefahren, um eine Besorgung zu machen.

»Sie muß bald wieder hier sein, denn sie wollte nur einen Einkauf machen.«

»Vorläufig können wir auch Frau Carla hier gar nicht gebrauchen«, sagte der Doktor und brachte ohne weiteres seine Werbung vor, während Käte der Mutter lachend und weinend um den Hals fiel. Die Majorin war überglücklich und gab von Herzen gern ihren Segen.

Man besprach nun allerlei und schmiedete Zukunftspläne. Und dann zogen sich Mutter und Tochter zurück, um sich für die Mittagstafel umzukleiden.

Sie waren gerade in ihren Zimmern verschwunden, wo sie erst noch ein wenig in ihrer glücklichen Aufregung plauderten, als Carla wieder nach Hause kam. Sie sandte das Auto gleich wieder zur Stadt, da es Heinz abholen sollte, und ordnete schnell ebenfalls ihren Anzug. Damit war sie viel früher fertig als Käte und ihre Mutter, und da sie von der Dienerin hörte, daß die beiden Damen Toilette machten und daß Doktor Harden im Garten sei, ging sie hinaus, um den letzteren aufzusuchen. Heute hatte sie sich ihrem Gast nur sehr wenig gewidmet.

Sie fand Doktor Harden im Pavillon sitzend und trat lächelnd ein. »So allein, Herr Doktor? Ich muß mich entschuldigen, daß ich nicht besser für Ihre Unterhaltung sorgte. Darf ich jetzt ein wenig mit Ihnen plaudern?«

»Sie sind sehr liebenswürdig, gnädige Frau. Ich war in bester Gesellschaft, da mich eben erst die beiden Damen verlassen haben. Aber wenn Sie mir ein Weilchen Gesellschaft leisten wollen, bin ich Ihnen sehr dankbar. Ich habe Ihnen ohnedies eine Eröffnung zu machen.«

Sie sah ihn forschend an. »Das klingt ja so feierlich, Herr Doktor.«

Sie setzte sich zu ihm. Beide saßen mit dem Rücken zur offenen Tür des Pavillons und sahen nicht, daß Heinz Salfner, der eben nach Hause gekommen war, vom Hause her auf den Pavillon zukam. Er hatte seine Frau, als er auf die Veranda trat, gerade noch im Pavillon verschwinden sehen und war ihr gefolgt.

Doktor Harden hatte Carlas Hand ergriffen.

»Liebe gnädige Frau, ich habe mich heute vormittag mit Käte Salfner verlobt und hoffe, daß Sie mich gern als Schwager in Ihren Familienkreis aufnehmen.«

Sie sah ihm freudig erregt in die Augen und faßte nun seine beiden Hände.

»Lieber, lieber Herr Doktor, Sie ahnen nicht, wie glücklich Sie mich machen mit dieser Mitteilung. Ich habe Sie immer sehr gern gehabt, und nun sollen wir uns noch näherkommen. Es macht mich sehr glücklich, was Sie mir da sagen.«

Diese Worte seiner Frau hörte Heinz, als er auf die Schwelle des Pavillons trat. Er sah seine Frau und den Freund ganz nahe beisammen sitzen, sah, daß sie allein waren, daß sie sich fest bei den Händen hielten und sich leuchtend in die Augen schauten. In jäh aufflammender Eifersucht sah er die Dinge in einem ganz falschen Licht, und mit einem unterdrückten Aufstöhnen sprang er auf die beiden Menschen zu und stand bleich, mit verstörtem Gesicht vor ihnen. Die Hände in rasendem Grimm geballt, sagte er mit halb versagender Stimme zu Doktor Harden:

»Du ziehst es wohl vor, Lindenhof zu verlassen. Ich will mit meiner Frau allein sein.«

Die beiden Menschen waren erschrocken zusammengezuckt und hatten sich jäh erhoben, als sie in sein starres, schmerzverzogenes Gesicht blickten.

Doktor Harden wollte erst empört auffahren. Aber wie ein Blitz tauchte in ihm die Erkenntnis auf, daß diese anscheinend von Heinz falsch aufgefaßte Szene Erlösung bringen könnte für das junge Paar. Er hatte nichts weiter nötig, als stumm davonzugehen und Heinz für kurze Zeit als ein falscher Freund zu erscheinen. Die jäh hervorbrechende Eifersucht des Freundes mußte seine Frau überzeugen, wie sehr sie geliebt wurde.

In seiner absoluten Sicherheit als Kätes Verlobter konnte er für kurze Zeit ein so gewagtes Spiel treiben. Es mußte sich ja bald alles aufklären.

Und so biß er die Zähne zusammen, machte vor Carla eine tiefe, vor Heinz eine formelle Verbeugung und verließ den Pavillon, um sogleich Käte aufzusuchen und ihr alles zu berichten, was geschehen war.

Heinz stand mit fest zusammengebissenen Zähnen und zusammengekrampften Händen und sah ihm mit drohenden Augen nach. Carla war betroffen stehengeblieben und verstand nicht, weshalb Doktor Harden sich in so beleidigender Weise von Heinz fortschicken ließ. Sie sah in ihres Mannes zuckendes, gequältes Gesicht und wollte etwas sagen. Aber da hob er die Hand.

»Schweig — ich bitte dich — schweig«, keuchte er. »Sage mir nichts, hab doch Erbarmen. Siehst du nicht, wie namenlos ich leide? Ich habe es ja schon lange kommen sehen, habe mit ansehen müssen, daß du Doktor Harden bevorzugst, ihm alle Liebenswürdigkeiten erweisest, die du mir versagst. Ich habe schon lange gefürchtet, daß ich deine Liebe verloren habe, nun habe ich den Beweis dafür. Mit eigenen Ohren habe ich hören müssen, daß es dich glücklich macht, Harden noch näherzukommen. Wenn ich dir je ein Unrecht zugefügt habe, Carla, dann hast du dich bitter gerächt. Grausam hast du mich gequält all die Zeit. Du mußt ja gesehen, gefühlt haben, wie sehr ich dich liebe, seit langem!«

Und wie zerbrochen sank er in einem Sessel zusammen und barg das Gesicht in den Händen, weil er nicht weitersprechen konnte.

Carla sah auf ihn herab, als traue sie ihren Augen und Ohren nicht. Was da aus ihres Gatten Brust hervorbrach, war so echt, so wahr und überzeugend, daß sie es glauben mußte.

Sie war sehr bleich geworden und drückte die Hände aufs Herz. Worte fand sie nicht gleich. Es lag ein scheues, erschütterndes Staunen in ihren Augen. Sie sah, daß Heinz litt, wie ein Mann nur leiden konnte, litt um sie, so wie sie einst um ihn gelitten — mehr noch, denn er glaubte, sie liebe einen anderen, seinen Freund, von dem er sich betrogen glaubte.

Die Erkenntnis, daß er sie liebte, flutete wie eine heiße

Glückswelle über sie dahin, und die Erkenntnis seines Schmerzes löste ein heiliges Erbarmen in ihr aus.

Wohl war ihr in den vergangenen Monaten zuweilen ein leises Ahnen aufgestiegen, daß Heinz ihr jetzt im Herzen anders gegenüberstand. Seine Augen hatten einen anderen Ausdruck als früher, wenn er sie ansah, in seiner Stimme lag etwas, das sich ihr werbend ins Herz schmeichelte und ihr die Zurückhaltung immer schwerer machte.

Und nun — nun sah sie ihn so vor sich, so zerbrochen, so elend — weil er glaubte, ihre Liebe verloren zu haben. Ein Irrtum hatte ihm die Lippen gelöst, im eifersüchtigen Schmerz brach sich Bahn, was er nicht gewagt hatte, ihr zu gestehen, wohl weil er keinen Glauben zu finden meinte.

Sie strich sich zitternd über die Stirn. O Gott — nur diesmal keine Täuschung, betete sie inbrünstig.

Und dann trat sie an Heinz heran und legte ihm ihre Hand auf die Schulter.

»Heinz — ist das wahr? Liebst du mich?« fragte sie mit versagender Stimme.

Er sah zu ihr auf mit qualentstelltem Gesicht, faßte ihre Hand und drückte sie an seine brennenden Augen. »Carla, kann nichts in deinem Herzen wieder wecken, was einst darin für mich lebte? Ist es möglich, daß du dich dem anderen schenken willst? Kannst du mich so namenlos strafen für eine blinde Torheit? Wie soll ich es ertragen, dich aufzugeben? Ich liebe dich — ich liebe dich, wie nie ein Weib geliebt wurde. Geh nicht von mir!«

In seinen Worten zitterte ein so tiefes, starkes Gefühl, daß sie erbebte. Nie hatte er ihr gesagt, daß er sie liebte, auch nicht, als er um sie warb. Aber jetzt lag sein ganzes Herz offen vor ihr, das fühlte sie. Seine flehenden Augen, sein zuckendes Gesicht sagten es ihr besser noch als seine Worte.

Da strich sie mit heißem Erbarmen über seine Augen. »Heinz, du befindest dich in einem großen Irrtum. Wenn ich Doktor Harden freundlich begegnete, geschah es nur, weil er dein Freund war und weil ich wußte, daß Käte ihn liebte. Du hast unser Zusammensein und meine Worte ganz falsch aufgefaßt. Er hatte mir soeben die Eröffnung gemacht, daß er sich heute vormittag in meiner Abwesenheit mit Käte verlobt hat. Nur darauf bezogen sich meine Worte, daß es mich glücklich mache, ihm näherzukommen. Er hatte mich gefragt, ob ich ihn gern meinem Familienkreis zurechnen werde. Du brauchst ganz gewiß nicht eifersüchtig auf ihn zu sein. Mein Herz — das gehört noch immer dir, nur dir!«

Da sprang er auf. Er riß sie leidenschaftlich erregt in seine Arme und sah ihr mit erneutem Lebensmut in die Augen.

»Carla! — Carla!«

Mehr konnte er nicht sagen. Als er jetzt in ihren Augen eine innige, erbarmende Zärtlichkeit sah, stöhnte er tief auf, als müsse er alle Qual dieser Stunde von sich stoßen. Fest umschlang er die bebende Gestalt seines jungen Weibes, als fürchte er, sie könne ihm doch noch genommen werden. Und dann preßte er seine Lippen auf die ihren, wie ein Verdurstender.

Sie erschauerte unter diesem Kuß, fühlte, daß sie geliebt wurde, und konnte nicht anders, als sich selig und willenlos in seinen Arm zu schmiegen. Sprechen konnten sie beide nicht. Sie sahen sich nur immer wieder in die blassen, erregten Gesichter, in die zärtlich flammenden Augen hinein und vergaßen alles um sich her.

Drinnen im Haus warteten Käte und Rudolf in großer Unruhe auf den Ausgang dieser Szene. Sie blickten von der Veranda aus immer wieder zum Pavillon hinüber, konnten aber durch das Gebüsch nichts sehen.

Käte schickte ein Stoßgebet nach dem anderen zum Himmel hinauf, und ihr Verlobter wurde immer unruhiger und nervöser.

»Was mache ich nur, Käte, wenn die Sache schlecht ausgeht, wenn sich die beiden auch jetzt noch nicht zusammenfinden? Bedenke doch, ich habe ein gewagtes Spiel gespielt, habe mich einfach aus Lindenhof hinauswerfen lassen von deinem Bruder«, sagte er.

Käte strich ihm beruhigend über die Stirn. »Heinz muß ja einsehen, daß er dir unrecht tat.«

»Kätelein, du ahnst nicht, was es mich gekostet hat, daß ich vor Heinz so gewissermaßen als Schurke dastehen und mich wie ein geprügelter Hund entfernen mußte. Wenn ich dies Opfer umsonst gebracht hätte —«

»Es kann nicht umsonst gebracht sein, Rudolf, es muß sich ja alles aufklären. Und wenn Heinz wirklich so echt und recht eifersüchtig gewesen ist —«

»Na, ich danke! Wenn du ihn gesehen hättest. Othello ist ein Waisenknabe gegen ihn.«

»Nun also, dann wird es schon auf Carla gewirkt haben. Es ist doch eigentlich ein gutes Zeichen, daß sie so lange im Pavillon bleiben.«

»Meinst du?«

»Ganz gewiß. Wenn nur Muttchen nicht herunterkommt, bis alles entschieden ist. Ich kann ihr nicht ruhig in die Augen sehen. Sie würde meine Unruhe bemerken.«

Doktor Harden richtete sich entschlossen auf.

»Nein, ich ertrage die Unruhe nicht länger. Ich schleiche mich an den Pavillon heran, selbst auf die Gefahr hin, noch einmal aus Lindenhof gewiesen zu werden.«

»Ich komme mit dir, Rudolf«, sagte Käte nun entschlossen.

Er faßte ihre Hand. »So komm, Kätelein, sprich noch ein Stoßgebet, daß diese beiden törichten Menschen uns jetzt das letztemal Sorge machen.«

Sie eilten Hand in Hand in den Garten und pirschten sich, wie Indianer auf dem Schleichpfad, an den Pavillon heran.

Und als sie ihn erreichten und zur offenen Tür hineinlugten, da sahen sie ein glückliches Paar vor sich. Lautlos sanken auch sie sich erlöst in die Arme, und Käte seufzte dann befreit auf:

»Gott sei Dank!«

Das klang laut genug, daß es die beiden Glücklichen im Pavillon hören mußten. Sie schraken zusammen und blickten auf aus ihrer glückseligen Versunkenheit.

Lächelnd erhob sich Carla.

»Komm, Heinz, da ist ein Brautpaar, das sicher auf unseren Glückwunsch wartet.«

Sie traten hinaus, und Carla fragte verständnislos:

»Lieber Herr Doktor, warum sind Sie eigentlich vorhin so ohne jede Erwiderung verschwunden, als Heinz Sie so unartig aus Lindenhof verwies?«

Heinz faßte Dr. Harden bei den Schultern. »Lieber Rudolf, ich war nicht zurechnungsfähig in meiner blinden Eifersucht. Aber warum erklärtest du mir nicht mit wenig Worten, daß sie grundlos war und daß du dich mit Käte verlobt hast?«

Harden sah ihn und Carla lächelnd an. »Ich dachte mir, daß es für Frau Carla sehr interessant sein müßte, dich gründlich in deinem Othellozorn kennenzulernen. Du hattest mir doch gestern schon im eifersüchtigen Zorn beinahe die Freundschaft gekündigt und mir dann eröffnet, wie sehr du deine Frau liebst und wie sehr du dich danach sehntest, es ihr glaubhaft zu machen. Und da sah ich dich dann vorhin so richtig in der Stimmung, ihr deine ganze Liebe und deine ganze Eifersucht zu verraten. Darin wollte ich dich um keinen Preis stören. Ich ließ mich also, aus Freundschaft für dich und Frau Carla, von dir aus Lindenhof hinauswerfen und lernte dabei die Gefühle eines begossenen Pudels kennen. Ich habe tatsächlich die Zähne zusammenbeißen müssen, daß ich dieses An-die-Luft-Setzen mit einiger Fassung ertrug und mich von dir für einen Schurken halten ließ. Aber gottlob scheint es wenigstens geholfen zu haben, und so will ich unserer Freundschaft dies Opfer gern gebracht haben. Aber nun lade mich wenigstens erst freundschaftlich und in aller Form ein, noch länger in Lindenhof zu bleiben, damit ich mir nicht länger rausgeworfen vorkomme.«

Heinz schüttelte den Freund an den Schultern und faßte dann seine Hände. »Guter, lieber Kerl, das vergesse ich dir nicht. Ich danke dir tausendmal. Natürlich nehme ich reuevoll alles zurück, was ich in meinem eifersüchtigen Groll gesagt habe.«

»Schön, und nun kannst du uns beiden zur Verlobung gratulieren. Komm her, Käte, sag deinem großen Bruder, daß wir zwei uns von Herzen liebhaben.«

Bruder und Schwester umarmten sich herzlich. »Meine liebe kleine Schwester, so haben wir beide an einem Tag unser Glück gefunden«, sagte Heinz.

Harden reichte inzwischen Carla die Hand. »Ich bin sehr stolz, Frau Carla, daß ich ein wenig mitgeholfen habe, Ihnen Ihr Glück zu sichern.«

Sie drückte seine Hand fest und warm. Und ihre Augen schimmerten feucht.

»Vielen Dank bin ich Ihnen dadurch schuldig geworden. Ich kann ihn nicht besser bezahlen, als indem ich Sie bitte, in mir in Zukunft eine treue Schwester zu sehen. Nicht wie Schwager und Schwägerin, sondern wie Bruder und Schwester wollen wir zueinander stehen.«

Er küßte ihre Hand. Ein letztes Mal zuckte es leise schmerzhaft in seinem Herzen auf. Aber dann wandte er sich zu Käte, schloß sie in seine Arme und küßte sie.

In diesem Augenblick kam die Majorin vom Hause her. »Ja, Kinder, wo bleibt ihr denn? Die Suppe steht schon auf dem Tisch.«

Sie wurde von den vier jungen, glücklichen Menschen zu gleicher Zeit umarmt und stand lachend in dem dichten Menschenknäuel. Aber dann sah sie in vier glückselig strahlende Augenpaare hinein, sah, daß Heinz seine Frau in leidenschaftlicher Zärtlichkeit umarmte und küßte. Und dann nickte sie ihm mit feuchten Augen zu. Aus vollem Mutterherzen fragte sie: »Ist nun alles gut geworden, mein Junge?«

Da schob er Carla bei den Schultern vor sie hin. »Sieh, Mutter, das ist meine heißgeliebte Frau.«

Sie küßte Carla und strich ihrem Sohn über die Stirn. »Gottlob, meine Kinder sind glücklich — meine vier Kinder!«

Und als nun Doktor Harden erklärte, daß Glück sehr hungrig mache, zogen sie lachend hinein ins Speisezimmer.

Als sie beim Braten waren, wurde Heinz abgerufen; Herr Rottmann wünsche ihn am Telefon zu sprechen.

Er erhob sich und sah seine Frau bittend an. »Komm mit an das Telefon, Carla.«

Sie zögerte einen Augenblick, aber dann erhob sie sich und ging mit ihm. Er legte zärtlich den Arm um sie, und als sie allein waren, bat er: »Verzeih deinem Vater, Carla. Heute darfst du auch ihm nicht mehr zürnen.«

Sie schmiegte sich an ihn. »Nein, ich zürne ihm nicht mehr, er hat dennoch mein Glück begründet.«

Sie waren am Telefon angelangt, und Heinz nahm den Hörer. »Hallo, Vater, bist du dort?«

»Ja, Heinz, ich wollte dir sagen, daß heute nachmittag die ›Cap Polonia‹ in See geht. Du weißt, das ist jetzt unser größter Dampfer. Man muß dabeisein, es ist ein großes Ereignis. Ich hatte vergessen, dir zu sagen, daß wir dazu geladen sind. Bringe auch Carla und deine Gäste mit.«

»Es ist gut, Vater, wir werden kommen. Um wieviel Uhr?«

»Um vier Uhr.«

»Gut. Aber warte einen Augenblick, Carla will dir noch etwas sagen.«

»Carla?«

»Ja.«

Er gab Carla den Hörer, indem er ihr sagte, was der Vater ihm mitgeteilt hatte.

Carla mußte doch noch einmal tief Atem holen, ehe sie sagte: »Lieber Vater, wir werden kommen, und ich werde dich endlich einmal wiedersehen. Aber du mußt mir versprechen, heute abend mein Gast in Lindenhof zu sein.«

»Soll ich wirklich? Hast du dein Schmollen gegen mich aufgegeben?«

»Ja, Vater, weil ich nun doch über alle Maßen glücklich geworden bin.«

»Mit Heinz?«

»Ja, Vater.«

»Nun also: habe ich dir nicht den besten, prächtigsten Ehemann ausgesucht?«

»Ja, Vater.«

»Und nun ist alles gut?«

»Alles, Vater!«

»Freut mich! Es hat ein wenig lange gedauert, aber was lange währt, wird endlich gut. Und natürlich komme ich heute abend hinaus.«

»Es gibt auch ein Brautpaar zu feiern, Vater, Käte und Doktor Harden.«

»Famos, ein Paar nach meinem Herzen. Also auf Wiedersehen.«

»Auf Wiedersehen, Vater.«

Carla hing den Hörer ein. Und dann warf sie sich in ihres Mannes ausgebreitete Arme.

»Heinz, lieber Heinz.«

Er küßte sie heiß und zärtlich. »Meine Carla, mein geliebtes Weib.«

Sie sahen sich tief in die Augen und küßten sich noch einmal.

»Daß wir heute nicht allein sein dürfen«, sagte Heinz aufatmend, »es liegt mir nichts daran, daß wir gerade heute mit tausend gleichgültigen Menschen zusammenkommen. Aber daß du Vater gebeten hast, zu kommen, ist lieb von dir. Schließlich hat doch er allein unser Glück begründet.«

»Ja, Heinz, daran habe ich auch denken müssen. Und weil du mich liebst, ist mir vor nichts und niemand mehr bange, auch vor meinem Vater nicht.«

Er sah sein geliebtes Weib mit strahlenden Augen an. »Vater wird staunen, wenn er dich sieht, Carla. Ich denke doch, er wird noch sehr stolz auf seine schöne Tochter sein.«

Sie sah lächelnd zu ihm auf. »Willst du mich eitel machen? Für Vater bleibe ich doch stets nur ein Mädchen.«

»Aber für mich die süßeste, liebste Frau.«

Sie küßten sich noch einmal und gingen dann innig umschlungen zu ihren Gästen zurück.